Anonymous

Das mittelenglische Poema morale

im kritischen Text

Anonymous
Das mittelenglische Poema morale
im kritischen Text

ISBN/EAN: 9783743641990

Hergestellt in Europa, USA, Kanada, Australien, Japan

Cover: Foto ©Thomas Meinert / pixelio.de

Weitere Bücher finden Sie auf **www.hansebooks.com**

DAS MITTELENGLISCHE POEMA MORALE.

IM KRITISCHEN TEXT,

NACH DEN SECHS VORHANDENEN HANDSCHRIFTEN

ZUM ERSTEN MALE HERAUSGEGEBEN

VON

HERMANN LEWIN,
DR. PHIL.

HALLE.
MAX NIEMEYER.
1881.

Ich erfülle eine angenehme Pflicht, indem ich hier an erster Stelle Herrn Professor Dr. Julius Zupitza in Berlin meinen aufrichtigsten Dank ausdrücke für die freundliche Ueberlassung der in Folgendem mit e bezeichneten, für die Arbeit äusserst wichtigen Handschrift Egerton 613 (foll. 64—70).

Frankfurt a/M., im März 1881.

H. L.

Das Poema morale ist in sprachlicher wie in litterarhistorischer Hinsicht eines der interessantesten unter den uns überkommenen Denkmälern der me. Litteratur. Es ist eine Predigt in Versen; der Dichter, dessen Name uns nicht erhalten ist, gehörte offenbar dem geistlichen Stande an und war nebenbei Arzt, wie ich aus v. 304 schliesse: 'Ic can beo ciðer, ʒef ic scal, lichame and saule leche'. B. ten Brink giebt in seiner Geschichte der engl. Litteratur I p. 191 ff. neben einer kurzen Inhaltsangabe des Gedichts eine treffliche Uebersetzung der ersten 22 Verse. Nur gerechtes Lob spendet ten Brink unserm Dichter, wenn er a. a. O. p. 193 von ihm sagt: 'Durch Tiefe und Wärme der Anschauung und Gesinnung, durch einen gewissen Adel der Empfindung, durch eine geistige Auffassung geistlicher Dinge schliesst sich der Dichter des Poema morale den Homileten der altenglischen Kirche würdig an'. Von der Beliebtheit und weiten Verbreitung des Gedichts, von dem grossen Eindruck, den der Dichter mit seinem Werke auf seine Zeitgenossen gemacht haben muss, legen ein deutliches Zeugniss ab die unverkennbaren Nachahmungen und Anklänge, welche wir in gleichzeitigen und späteren me. Denkmälern finden. Vgl. ten Brink a. a. O. Es soll dieser Punkt im letzten Teile der Arbeit durch Beispiele näher beleuchtet werden.

Ein erhöhtes Interesse nimmt das Poema morale nun aber dadurch in Anspruch, dass es das erste bedeutendere uns erhaltene englische Gedicht ist, welches an Stelle der Alliteration in der älteren Poesie sich mit dem Reime als poetischem Schmuck begnügt.

Nicht weniger anziehend ist auch die sprachliche Seite des Gedichts. Das Poema morale gehört nämlich jener Uebergangsperiode der englischen Sprache an, in welcher sich zwar nicht mehr die alten, vollen Vokale in den Endsilben zeigen, der aber die Flexion der alten Sprache noch in grossem Umfange erhalten geblieben ist.

Hauptzweck dieser Arbeit ist nun, einen kritischen Text des Poema morale herzustellen nach den sechs Handschriften, in denen uns das Gedicht überliefert worden ist. Daneben soll eine Laut- und Formenlehre gegeben werden. In der Lautlehre soll nachgewiesen werden, hauptsächlich an der Hand der Reime, wie sich die ae. Vokale und Consonanten im Dialect unseres Dichters gestaltet haben. In der Formenlehre werde ich eine Uebersicht geben über alle irgendwie wesentlichen Erscheinungen der Flexion. Es sollen dort alle Formen in der Gestalt aufgeführt werden, in welcher ich sie glaubte nach den Reimen, unter Zuhülfenahme des in den ältesten Hss. dargebotenen, für unseren Text ansetzen zu müssen. Sowol in der Laut- wie auch in der Formenlehre suchte ich neben den Formen des kritischen Textes mit möglichster Vollständigkeit auch die entsprechenden Formen aus den einzelnen Hss. zu geben, soweit dieselben hinsichtlich der Gestaltung der Laute und Formen Interessantes darbieten.

Hinsichtlich der Varianten möchte ich hier bemerken, dass ich von denselben alle die abweichenden Lesarten der Hss. ausgeschlossen habe, welche nur in einer Verschiedenheit der Laute und Formen bestehen. Die Anführung derselben scheint mir die klare Uebersicht unnötig zu beeinträchtigen, zumal sie nur eine Wiederholung der aufgestellten Laut- und Formenlehre wäre.

Dass bei diesem Verfahren die einzelnen Wörter, was Laute und Formen angeht, nun wirklich stets genau die Gestalt erhalten haben, welche sie im Original hatten, wird Niemand erwarten und verlangen.

Zunächst will ich hier kurz einige characteristische Eigentümlichkeiten an den einzelnen Hss. hervorheben und zeigen, welche Dienste eine jede derselben bei der Herstellung des kritischen Textes leistet.

Eine kurze Beschreibung der 6 Hss. des Poema morale hat zuletzt Zupitza in der Anglia I p. 5 ff. gegeben. Die Resultate, zu denen er a. a. O. über das Verhältniss der Hss. unter einander kommt, dienen dieser Arbeit als Grundlage. Ich vermöchte jene Ausführungen nur durch Vermehrung der dort gegebenen Beispiele beweiskräftiger zu machen, und dies dürfte überflüssig sein. Ich bediene mich bei der Bezeichnung der Hss. und der Gruppen der von Zupitza a. a. O. vorgeschlagenen Abkürzungen und wiederhole hier kurz die von ihm gefundenen Resultate über das Handschriftenverhältniss. Aus der unbekannten Urhandschrift U sind zwei Gruppen von Hss. hervorgegangen: Y und Z. Die 1. Gruppe Y umfasst die Hss. E e J L. Innerhalb dieser Gruppe gehören E e und L (X) eng zusammen und zeigen öfter eine gemeinschaftliche Abweichung von J Z. In X sind wiederum E und e besonders nahe verwandt (W). Zu der 2. Gruppe Z gehören die Hss. D und T, die unabhängig von einander sind. — Hervorheben möchte ich hier nur, dass Prof. Zupitza zur Zeit, da er jene Arbeit in der Anglia veröffentlichte, die Hs. e nur aus den Fussnoten zu E in den Early Engl. Poems and Lives of Saints, ed. Furnivall, kannte. Seitdem hat er eine vollständige Abschrift der Hs. e genommen. Dabei hat sich herausgestellt, dass str. 61 = v. 129. 130 des kritischen Textes, von denen Zupitza Anglia I p. 35 No. 8ᵃ nach Furnivall annehmen musste, dass sie in e fehlen, in der betreffenden Hs. unten nachgetragen und dann wieder durch Rasur zum Teil undeutlich gemacht sind.

Sämmtliche 6 Hss. gehören dem Süden Englands an. Innerhalb der Gruppe Y leistet J, offenbar die jüngste unter allen Hss., geringere Dienste. Die treueste Ueberlieferung zeigen L und e. E, die mit e auf dieselbe Quelle zurückgeht, ist schlechter als die letztere; sie zeigt an mehreren Stellen Verderbniss. Allerdings giebt E das ganze Gedicht, während L und e vor dem Schlusse abbrechen.

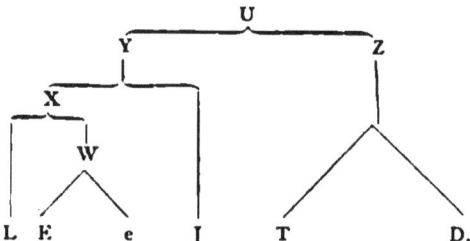

Auch zeitlich stehen die Hss. nicht allzu fern von einander. L gilt als die älteste. Ihre Abfassung wird noch in das 12. Jhdt. fallen. Etwas jünger sind E und e, die ziemlich gleichzeitig sein werden. Beide dürften im Anfange des 13. Jhdts. entstanden sein. Ungefähr derselben Zeit gehören auch D und T an. J wird von Morris, wie ich meine mit Recht, um 1246—1250 gesetzt.

Gruppe Y: EeJL.

E = Egerton Hs. 613. foll. 7—12.

E, auf derselben Grundlage beruhend wie e, aber nicht so sorgfältig wie diese, hat den Vorzug vollständig zu sein. Sie hat 398 Zeilen und ist deshalb für die letzten 26 die Hauptrepräsentantin von Y, gegenüber D und T (Z), da e und L vor dem Schlusse abbrechen und J viele Aenderungen und Ungenauigkeiten zeigt. — Im Vokalismus von E zeigt sich eine Eigentümlichkeit. Es steht nämlich häufig ein ue (u) an Stelle eines ae. êo. z. B.: buen 174*, bued 120, bud 76, 295, 297, buð 282, 283, 293, 313, 348, ruwen 21, duere 146, bifluen 154. — Nach Morris, Ayenbite p. VIII und Mall, The Harrowing of Hell, p. 15 wäre dies ue (u) characteristisch für die Mundart von Hereford. Auf eine Berührung des Schreibers mit dem östlichen Mittellande würde hingegen hindeuten das pronomen possessivum þere in v. 211; ebenso der nomin. plur. des personale he (neben hi) v. 105, 176, 180, 181,

An Stelle eines ð in -cð der Verbalendung = ae. að, finden wir in E öfter ein d oder t. Cf. 'Consonanten'.

e = Egerton Hs. 613. foll. 64—70.

Diese Hs. bietet einen Text dar, der ziemlich frei ist von Verderbniss und Interpolationen des Schreibers. Hinsichtlich der Schreibung ist zu bemerken, dass sich in dieser Hs. am häufigsten die Lautverbindung ea und eo geschrieben findet. Ae. â ist ziemlich rein erhalten. Vgl. über diese Punkte die Lautlehre. Leider bricht diese Hs. vor dem Schlusse ab, nämlich mit Zeile 370 = v. 372 des kritischen Textes.

J = Hs. I Arch. I 29 des Jesus College in Oxford foll. 242ʳ—247ᵛ

hat verschwindend kleine Verdienste um die Herstellung des Textes. Diese jüngste unter den Hss. zeigt fast in jeder Zeile deutliche Spuren absichtlicher und fahrlässiger Aenderungen, wie deutlich genug aus der Fülle der anzugebenden Varianten hervorgehen wird. Grosse Consequenz zeigt diese Hs. in der Gestaltung des

---

* Die Zeilen in den einzelnen Hss. sind numeriert mit der Zahl, welche die entsprechende Zeile des kritischen Textes führt.

ie, des Umlautes von ea und eo. Cf. Lautlehre. Von den Altertümlichkeiten des Originals ist ihr indessen kaum noch eine Spur geblieben.

L = Lambeth Hs. 487 giebt den Text des Originals, abgesehen von der Gestaltung der Laute und der Flexion relativ am treuesten wieder. Der Wert dieser Hs. wird aber dadurch bedeutend beeinträchtigt, dass sie nur 270 Zeilen gegenüber den 398 des Originals bietet. Besonders nahe der Heimat des Dichters wird diese Hs. kaum entstanden sein, wie ich aus einem äusseren Grunde schliesse. V. 250 werden nämlich vom Dichter die Flüsse Avon und Stour genannt und offenbar waren dem sonst sorgfältigen Schreiber die beiden Flüsse unbekannt, denn er änderte und zwar so, dass der Reim sogar verloren gieng. — Wichtig ist diese jedesfalls älteste Hss. auch für die Herstellung der Flexion, weil in ihr noch besonders häufig Beispiele der vollen Flexion der Pronomina enthalten sind.

Gruppe Z: Hss. D und T.

D = Digby Hs. A 4, Bodl. in Oxford

ist im kentischen Dialect geschrieben. Dafür sprechen folgende Erscheinungen:

1. An Stelle eines ae. y, des Umlautes von o oder u, finden wir ein e:y: merȝðe 156, 366, 367, 394, ofþencheþ 132, þenchen 62 (zu ae. þyncan), igelt 11, gelteþ 44, 215, evel 19, 26, 172. ẏ: fer 43, ver 152, 249, 251.

2. Ae. ēo wird ie: bieþ 19, 76, bie 29, ibien 3, bien 39, isien 18, sien 160, lief 250, þiestre 76, 78, diere 146, 186, biflien 154, hielde 172, 296, — riewe : siewe 21, þieve : lieve 44, viende : friende 122, diere : swiere 145.

3. ia steht häufig für ea: bihialde 285, 390, ihialde 56, hialde 55, viawe 104, 347.

4. Für den bestimmten Artikel kommen noch das masc. se und das fem. si vor; ebenso noch se þe, se þet, wie denn in D überhaupt die alte Flexion im Pronomen sehr gut erhalten ist.

T = Hs. B. 14. 52, Trinity College in Cambridge.

Die Ueberlieferung ist besser als in D. T zeigt häufig Uebereinstimmung mit der Gruppe Y, gegenüber D. In den lautlichen

Verhältnissen zeigt sich eine ganz consequent durchgeführte Eigentümlichkeit, gegenüber den andern Hss. Während nämlich ae. æ, ob lang oder kurz, für die andern Hss. mit Ausnahme von J e ergiebt, zeigt sich in T an dieser Stelle ein a, z. B.: a : was 1, almesse 28, 299, lasse : -nesse 71, 392, water 144, 242. — â: dade : rade 3, 10, 90, laden 397; mast 6, 13, 219, 333, ar 13, 17, 22, 157, unhalðe: unisalþe 376, þare : hware 333, sa 83, afre 86, has 91, 347 etc.

Die Hs. zeigt einen dem Kentischen nahen Dialect. Vorliebe für e an Stelle eines ae. y zeigt sich in: senne : kenne 109, 205, 240, senne : unwenne 210, nesten : hlesten 228, 386, mankenne : senne 306, 338 — senne 109, 205, 240, ofspreng 209, nesten 245, kennes 361.

ie für ĉo: hierte : smierte 112, diere : swiere 146, fiende : friende 222, niede : biede 264 — hielden 172, 296, lief 254, 259, bieð 289, glie 290.

Vereinzelt kommt auch se als masc. des bestimmten Artikels vor, nämlich se man 123, se calde 285 und als pron. relat.: se 61, 219; se þe 53, 55, 61, 69, 112.

Die Reime.

Gleich ungenau in allen Hss. ist der Reim in unserm Gedichte nur in einem Falle, nämlich in vv. 83, 84, wo D: seafte : lefte, E: lofte : sceſte, e: lufte : sceaſte, J: lufte : schafte, L: lifte : sceſte und T: lofte : safte schreiben. Cf. Lautlehre unter y. — In allen andern Fällen beziehen sich die Ungenauigkeiten immer nur auf die einzelnen Hss. und lassen sich an der Hand der aufgestellten Laut- und Formenlehre mit leichter Mühe corrigieren, so dass wir überall vollkommen reine Reime erhalten.

Ungenau ist der Reim in den Hss. in den folgenden Fällen:
In D: vv. 7, 8 chilðe : milce; vv. 37, 38 to donne : sone; vv. 39, 40 blisce : iwisse; vv. 41, 42 diches : riche; 45, 46: ʒielde : selde; 49, 50 ileuen : serreue; 51, 52 senden : ende; 55, 56 wealde : ihialde; 67, 68 punde : vonde; 97, 98 forwreien : iseʒen; 101, 102 hiere : iueren; 113, 14 hierte : smerte; 115, 16 life : driue; 139, 40 itide : abiden; 141, 42 iwisse : blisce; 147, 48 þurste : leste; 155, 56 blisce : iwisse; 163, 64 hoʒen : loʒe; 171, 72 harde : arerde; 179, 80 iuonde : grunde; 183, 84 unede : deade; 205, 6 ofþenche : swinche; 221, 22 viende : frende; 231, 32 iueren : hiere; 235, 36 blisce : iwisse; 247, 48 inne : senne; 253, 54 wrenchen : þenche; 269, 70 eʒhte : taðte; 275, 76 fruden : prude; 279, 80 eʒie : leie; 283, 84 wihte : isihðe; 285, 86 alde : bihialde; 293, 94 leasne : hesne; 295, 96 iuere : hiere; 319, 20 eʒte : bikaʒte; 347, 48 viawe : unþeawe; 367, 68 isihþe : nihte; 371, 72 swinche : vorþenche; 373, 74 deaðe : eade; 377, 78 iwisse : blisce; 385, 86 lesten : wisten; 389, 90 wealde : bihialde; 393, 94 iwisse : blisce; Varianten zu 394: blisce : ecnesse.

In E: 17, 18 awuste : myste; 21, 22 ruwen : seowen; 23, 24 life : wyfe; 27, 28 aliue : vyue; 45, 46 childe : selde; 47, 48 ʒelome

: woȝe; 75, 76 britte : lithte; 93, 94 ladde : dredde; 97, 98 forwreien : iseȝen; 109, 10 rithte : dritte; 113, 14 heorte : smerte; 127, 28 ore : mare; 137, 38 icnoweð : blouwet; 147, 48 fasten : ilesten; 163, 64 owe : louȝe; 168, 69 iboruwen : forlorene; 169, 70 longe : wrange; 175, 76 eue : ileued; 183, 84 vnepe : diepe; 199, 200 unelþe : vnisalþe; 223, 24 reche : fecche; 229, 30 earme : herme; 263, 64 nede : beode; 269, 70 ehte : tauhte; 271, 72 iquemde : dempde; 275, 76 frude : prute; 285, 86 ealde : helde; 289, 90 leioȝen : dreoȝen; 291, 92 biende : ende; 303, 4 teache : liache; 317, 18 ileste : faste; 319, 20 ehte : cauhte; 323, 24 hunger : ȝeonger; 345, 46 hulde : felde; 347, 48 feuwe : unþeawe; 373, 74 deaðe : eþe; 375, 76 vnhelþe : vnswalþe; 385, 86 lesten : nusten.

In e: 13, 14 mislichet : biswikeð; 17, 18 awyste : miste; 21, 22 ruwen : scowen; 27, 28 heuene : seouene; 31, 32 wife : aliue; 45, 46 childe : selde; 69, 70 þanke : marke; 73, 74 iwitte : ille; 75, 76 eweman : demen; 99, 100 þære : were; 117, 18 manne : þenne; 123, 24 læden : adreden; 167, 68 iboreȝe : sorȝe; 171, 72 hearde : arerde; 197, 98 alle : bifealle; 255, 56 drunke : swunche; 273, 74 misdede : læde; 293, 94 liese : hese; 319, 20 æhte : kehte; 323, 24 hunger : ȝeonger; 329, 30 hware : þere; 343, 44 forlæte : strete; 345, 46 hulde : felde; 347, 48 fiewe : unþeawe.

In J: 17, 18 wiste : myste; 19, 20 þriste : cryste; 37, 38 to donne : sone; 39, 40 blysse : iwisse; 43, 44 þeue : leoue; 59, 60 unvorgulde : scholde; 63, 64 kinge : earnynge; 65, 66 riche : ilyche; 71, 72 lasse : -nesse; 75, 76 brihte : lyhte; 93—96 verderbt durch Umstellung und Einschiebung; 113, 14 heorte : smeorteþ; 117, 18 monne : þenne; 119, 20 bigynnynge : endinge; 131, 32 seyde : misdede; 153, 54 wunye : schonye; 155, 56 blysse : iwisse; 157, 58 seyde : rede; 171, 72 harde : arerde; 177, 78 mihte : dryhte; 199, 200 vnhelþe : vnyselyhþe; 205, 6 ofþunche : swynke; 225, 26 seyden : reden; 259, 60 beten : mete; 263, 64 neode : spede; 265, 66 schulde : golde; 267, 68 holde : scholden; 269, 70 ayhte : tahte; 271, 72 iquemeþ : fordemde; 275, 76 fruden : prude; 289, 90 lye : dreye; 319, 20 eyhte : byþouhte; 324, 25 hunger : ȝonge; 327, 28 ilome : comen; 335, 36 werie : derye; 347, 48 fawe : unþewe; 351, 52 brynge : kinge; 371, 72 swynke : ofþinche; 389, 90 weldeþ : biholde; 391, 92 godnesse : lasse; 397, 98 ende : wendeþ.

In L: 7, 8 childhade : rede; 29, 30 maȝe : aȝen; 33, 34 libben : sibbe; 35, 36 walde : unholde; 51, 52 senden : ende; 55,

56 welden : ihalden; 59, 60 unforʒolden : sculden; 63, 64 king : erninge; 69, 70 þonke : manke; 75, 76 brichte : lihte; 79, 80 wihte : drihten; 89, 90 deden : rede; 93, 94 leden : ofdred; 95, 96 iquemen : deme; 97, 98 forwreien : iseʒen; 113, 14 horte : smirte; 117, 18 monne : þenne; 119, 20 biginningge : endinge; 131, 32 seide : misdede; 139, 40 tide : abiden; 141, 42 iwissen : blisse; 163, 64 ahen : laʒe; 165, 66 adreden : misdede; 167, 68 iborʒen : sorʒe; 171, 72 herde : redde; 175, 76 eue : ileueð; 183, 84 uneade : deaþe; 185, 86 brochte : bohte; 205, 6 ofþinche : swinke; 211, 12 wrange : longe; 213, 14 mihte : iwichte; 221, 22 fond : freonde; 225, 26 seiden : reden; 229, 30 arme : herme; 241, 42 finden : winde; 249, 50 ure : burne; 265, 66 sculde : golde; 267, 68 holde : wolden; 269, 70 echte : tachte; 271, 72 iquemde : fordemet.

In T: 15, 16 iselðe : unhalðe; 29, 30 mowe : owen; 33, 34 libben : sibbe; 41, 42 dichen : riche; 45, 46 ʒielde : selde; 49, 50 ileuen : syrreue; 57, 58 swinde : finden; 71, 72 lasse : -nesse; 81, 82 honden : londe; 93, 94 ladden : ofdradde; 99, 100 þare : waren; 101, 102 here : iferen; 163, 64 oʒen : loʒe; 171, 72 hardde : arerde; 175, 76 eue : ileued; 201, 2 vnsele : hale; 207, 8 misdede : ofdrade; 221, 22 fiendes : frende; 225, 26 saden : rade; 231, 32 iveren : here; 241, 42 ifinden : winde; 267, 68 holde : wolden; 275, 76 fruden : prude; 277, 78 storre : oerre; 283, 84 wihten : sihte; 315, 16 moten : bote; 323, 24 hunger : ʒeunger; 343, 44 læte : strate; 386, 87 hleste : nesten; 389, 90 wealdeð : bihelden; 391, 92 godcunnesse : lasse.

Lautlehre.

Ae. a.   **a) Vokale.**

Wir haben keinen Grund anzunehmen, dass zur Zeit unseres Dichters die Aussprache des dem ae. â entsprechenden Lautes schon zu o hinübergegangen sei. Auch das wandelbare a vor m und n scheint in der Sprache des Dichters nicht zu o getrübt gewesen zu sein. Denn einmal findet sich im ganzen Gedicht kein einziger Fall, wo o aus a mit ursprünglichem o reimte und zweitens haben wir in den beiden Hss. L und e überwiegend die

Schreibung a (= ae. â und a vor m und n), sowol im Reime, als auch im Innern des Verses. Namentlich zeigt e fast ausschliesslich a. Freilich sind diese Reime nicht unbedingt beweisend für die Aussprache des Dichters, da in den meisten dieser Fälle in dem kentischen D, dem ihm nahestehenden T und überall in der späteren Hs. J ein o geschrieben ist, und im Gedicht derartige Reime leider nicht vorkommen, wie sie Mall in 'The Harrowing of Hell' p. 13 zum Beweise einer reinen Aussprache des a beibringen kann, wo ae. â und a mit unwandelbarem a reimen: Sathan : ygan, habraham : man. Erwähnt darf hier vielleicht werden þanke : marke in e vv. 69, 70, wo wandelbares a in þanke einem unwandelbaren in marke gegenübersteht. Leider ist der Reim aber ungenau und kann jedesfalls für das Original nichts beweisen. Aber ebensowenig ist doch auch andererseits ein besserer Grund dafür vorhanden, dass der Dichter o sprach und so scheint es mir am sichersten anzunehmen, dass bei dem Dichter a rein erhalten war.

a vor m: grame 168, dazu grameð 167. Hier hat merkwürdigerweise gerade L ein o. game 290, wo alle Hss. gleichmässig ein a zeigen.

a vor n: wrange : lange 169, 211 (e: a : a), þanke : manke 70 (E T: a : a, e: þanke : marke), unterstande : lande 194 (a : a in e), hande : lande 82 (a : a in e), ande : lande 196 (a : a in e); — man finden wir als fast ausschliessliche Schreibung in allen Hss., mit Ausnahme von L und J, die mon schreiben, z. B. vv. 20, 30, 38, 39 etc.

Ae. ǽ bleibt unverändert: lare : mare 2 (a : a in L), mare : are 54, 127 (a : a in e L), laðe : baðe 61 (a : a in e L), mare : sare 356, 360 (a : a in e), nane : ane 365 (a : a in e).

Eine Diphthongisierung des a ist eingetreten vor g und w in maȝe : aȝe 29, icnaweð : blaweð 137, mawe 22 etc., wo wir neben dieser Schreibung, die nur noch in e und bisweilen in L vorhanden ist, auch schon in den Hss. eine andere finden, welche den diphthongischen Laut deutlicher bezeichnet. Z. B. D: mouwe 22; L: knauð 110, iknauwen 163; E: nout 48, 77, 134, 192 etc., nouht 380, blouwet 138, owe : louȝe 163, auht 244.

Ae. œ wird bei unserm Dichter zu e, wie aus dem Reime lesse : rihtwisnesse hervorgeht, wo e aus œ in lesse mit ursprünglichem e in rihtwisnesse im Reim steht. J und T schreiben regelmässig a an Stelle dieses e in den andern Hss. und stellen sogar lasse : -nesse 72 in den Reim. Cf. Einleitung bei T.

Ein solches a aus æ findet sich sonst nur in folgenden Fällen. E: almesse 28, þat 30, 161, 247 und öfter, lasse 60, 66. L: fader 188, hwat 246. D: vader 188.

In E und e finden wir bisweilen noch die *Schreibung æ*, nämlich E e: æm 1, ælder 1, wæs 1. e: þænne 22, æfter 28, 64, 119, 360, æt 92, 127, 158, bæð 220, ælmes 337.

ea = ae. æ in beað, E 220.

Ae. ǣ finden wir bei weitem überwiegend in den Hss. als e geschrieben. In E und e hat auch der lange Vokal häufig noch die *Schreibung æ.* E: ilæd 5, ær 13, 17, 22, æfrech 32, þær 181, læte 339. — e: ilæd 5, ær 13, 17, 22, 123, æfrech 32, æniman 69, æure 69, 86, 202, 247, Æure 279, næure 96, þære : were 100, læden 123, wære 293, ræt 309, forlæte 343, ælches 364. — T: Ænes 185, læte 343. — Mit diesen beiden Ausnahmen hat T wie bei dem kurzen Vokal consequent a : mast, ar, sa, afre, dade, has etc. In J wechseln im Versinneren ohne Regel a und e; im Reime steht indessen e mit Ausnahme von elleshware : kare 330 (= hwere : þere des kritischen Textes). Im Uebrigen finden wir a nur in E: ani 53, watere 82, war 86, lat 340; L: watere 196, water 242; D: ani 53, 68.

ae = *ǣ* in D 82, 83: sae, in E 124: aer.

ea = *ae. ǣ* in e 90: ealches.

Ae. e und ē bleiben unverändert. E schreibt einmal æ für e: fræmden 34.

Ae. i erhält sich der Regel nach. Die Schreibung y kommt, ausgenommen in J, nur selten für i vor: E e 7: ys, E 15: myhte, E 18: myht, E 18: myste, E e 21: hym, E 26, 27, 44, 62, 109, 198: hym, E 30: ys, E 31: hyre.

In J ist fast regelmässig y für i geschrieben: wyt 2, mylite 15, myd 40, 67, bynymen 48, 50, myhte 52, byvore 63, 352, myhte : nyhte 78, wyhte : dryhte 80 etc. — Vereinzelt und ohne Regel wird in J auch i geschrieben: winter 1 (wynter 4), hit 13, wil 14, him 14, 20, hit wiste : myste 17, bifore 18, blysse : iwisse 40 etc.

e an Stelle eines ae. i: ich dede L 2.

u für ae. i: þuder E 176, 398 und e 46, 51, 176, þusse E 345.

Ae. ī. Die Schreibung y ist nur in J häufiger. In den andern Hss.: lyf E 5, ydel E e 9, hy E 22, e 237, wyfe E 24, e 45, hwyle E 27, vyue E 28, whyle E 32.

e an Stelle des ae. ī: bleðeliche D 256, zetseres D 269.

u an Stelle eines ae. î: swunes E e 145.
Ae. o und ô bleiben unverändert.
u ist eingetreten in: schulden J 49, — sculde L 118, sculden L 267, 268; — unforʒolden : sculden L 60, sculde : golde L 266.
Ae. u bleibt der Regel nach erhalten.
In folgenden Fällen wechselt *u mit o*: D: comen 26, 176, 223, loue 56, 58, 191, 193, iwoned 57, wonderlikeste 67, vonde 68, foʒeles 83, come 124, dore 127, bote 136, woneþ 138, wonien 153, 181, wonieð 238, loueden 252, 255, 298, louie 306, loue 312, 319, one (unne) 316, wode 346. — E: come 26, 157, 176, louue 191. — J: wunie : shonye 153. — L: iwoned 57, come 124.
Ae. û: Der lange u-Laut wird in allen Hss. noch gleichmässig durch ein einfaches u bezeichnet.
Ae. y, der Umlaut von o oder u.
y: Wir werden annehmen müssen, dass an die Stelle dieses y in dem Dialect unseres Dichters sowol ein i als auch ein e treten konnte. Es darf dies Schwanken nicht befremden, denn auch bei Chaucer finden wir dies y als e und i, ja daneben auch noch als u.

Dass für dies *y ein e* bei unserm Dichter eintritt, beweist der Reim lefte : scefte v. 84, der in allen Hss. verderbt ist und nur in dieser Form genau wird (D: seafte : lefte; E: lofte : scefte; e: lufte : sceafte; J: lufte : schafte; L: lifte : scefte; T: lofte : safte).

Was nun das *i an Stelle eines ae. y* angeht, so muss zunächst abgesehen werden von den Reimen wihte : drihte 80, rihte : drihte 111, mihte : drihte 178, 308, — erninge : kinge 63, erminges : kinges 321. Diese Reime beweisen nämlich für die Aussprache des Dichters nichts, da drihte und king nur mit i vorkommen, wie Zupitza im Anzeiger für deutsches Altertum und deutsche Litteratur VI p. 6 geltend gemacht hat. Beweisend sind dagegen ofþinche : swinche (ofþinche ae. ofþyncan und swinch ae. swinc) vv. 206 und 372. Vielleicht darf auch hierhergezogen werden der Reim v. 228 niste : hliste, da wir v. 18 iwiste : miste im Reim haben, wo in miste entschieden ursprüngliches i zu Grunde liegt. — Gegen das Eintreten des e und i für ae. y darf nicht geltend gemacht werden der Reim hungre : ʒungre v. 324. Vielmehr haben wir hier anzunehmen, dass ʒungre nicht die Fortsetzung des ae. comparativ gyngra, sondern eine Neubildung ohne Umlaut ist (vgl. ne. younger). Cf. Genesis und Exodus 1508, 1570 gungere.

In den Hss. stellt sich die Schreibung des dem ae. y entsprechenden Lautes wie folgt dar: *e* ist mit ganz geringer Ausnahme (þinʒh 5, þingð 354) die Regel *in D* und häufig *in T*. D setzt auch consequent an: ofþenche : swinche 206, swinche : ofþenche 372, lesten : nisten 386. — T schreibt in diesen Reimen ein u, das ausserdem steht in igult 11, gulteþ 91, gulte 215; þunche 62, ofþunche 132 etc. i = ae. y in þincheþ 5, ofþinkeþ 10. e = ae. y in senne : unwenne 210, senne : cenne 306, 338. euel 26, 60, 93, 397. *In den übrigen Hss.* ist überwiegend die Schreibung *u*, *selten i und y*: sunne : cunne E J L 204, E e 306, 338, synne : cunne E 204, sunne : unwunne E e J L 210, nusten : hlusten E e J L 228. In þinchen und den davon abgeleiteten Formen finden wir i in E und e ohne Ausnahme, in J vv. 5, 10, 132, in L vv. 5, 10, 205 — dagegen u in J v. 62, in L vv. 62, 203. In andern hierhergehörigen Wörtern finden wir im Versinnern in E e J L fast ausschliesslich ein u (yfel E 19, biggen E 65, meruþe E 353). In *michel und litel* ist die Schreibung litel die Regel in D und T, lutel die Regel in J. In den andern Hss. findet Schwanken statt: *litel* L 12, E 12, 46, e 12, 46, 62, 137, 328, 342; *lutel* L 46, 62, 73, 203, 262; E 62, 73, 157, 203, 262, 342; e 137, 203, 262. *michel* findet sich mit einem i in den Hss. merkwürdigerweise viel seltener als litel — nur in e 60, 62, 77, 207 — sonst überall muchel, obwol dies Wort doch auf ein ae. micel zurückgeht und das y erst durch Analogie mit lytel hineinkam.

Ae. ŷ, der Umlaut von ū oder ō.

Es ist kein Reim vorhanden, doch werden wir hier î anzusetzen haben: D fer, ver vv. 43, 76, 152. E e L T haben fur.

ea und eo.

Ich unterscheide mit Zupitza, in seiner Ausgabe der Elene, zwischen éa, eá, ẻa, eā und éo, eó, ẻo, eō.

In den Hss. herrscht grosse Willkür in Bezug auf die Schreibung dieser ea und eo, resp. der Laute und Lautverbindungen, welche an ihre Stelle getreten sind.

    D: ẻa: arme : harme 230, bihialde : alde 285, ealde : healde 311, alle : falle 314 — cald 4, bihialde 285, 390, al 301, 309.

       eá: seafte : lefte 84.

       ẻa: unnede : deade 184, deade : breade 192, — lean 64, viawe 104, 346, deaþe 106, eaðe 159, veawe 352.

D: eá: ʒier 142.
E: éa: earme : herme 230, ealde : bihelde 286, ealde : healde 311, alle : falle 314, — eald 4, 285, al 146, 152 162, alre 353, healden 55, harde 159, hardne 171.
 æ: wælde 2.
 eá: lofte : scefte 84.
 éa: dede : brede 192, deaðe : eðe 373. — Im Innern des Verses meist e und ea, doch auch daneben ie (ye) : lyen 64, dieþ 195, 200, died 204, ieþe 286. eu : feuwe 104.
 eâ: ʒer 142.
G: éa: wealden : ihealden 56, ealde : bihealde 286, ealde : healde 311, ealle : fealle 314. ea ist die fast ausschliessliche Schreibung. Ausgenommen: a in al 7, 146, alle 310, — æ in: wælde 2, ærwe 19, æl 140, nærewne 341, nærewe 347, — eæ in eælle 175.
 eá: lufte : sceafte 84.
 éa: deað 127, eaðe 208, feawe 352. Dann auch ie : ieðe : dieðe 184, — lien 64, dieðe 106, 115, dieð 124, 195, 204, endeliese 143, died 201, arelies 218, bried 361, — ausserdem e in fewe 104, eðe 159.
 eâ: ʒer 142.
J: éa: Hier ist meist schon o eingetreten vor ld: wolde : iholde 56, olde : atholde 311, old 4. — al 7, alle 72.
 eá: lufte : schafte 84.
 éa: lean 64, fewe 104, 352, deþe 106, 124.
 eâ: ʒer 142.
L: éa: welden : ihalden 55, alder 1, ald 4, al 7, 51, alle 84, 89, 94, herde 159, 171.
 eá: lifte : scefte 84.
 éa: deaðe : uneade 184, dede : brede 192, — lan 64, deþe 106, 115, deþ 184, 195, 200, endelese 143, eþe 159, 208, heʒe 349.
L.: eâ: ʒer 142.
T: éa: arme : harme 230, ealde : healde 311, alle : falle 314, — eald 4, al 7, 146, alse 67, 70, alle 310, alre 353. — holde inf. 55.
 eá: lofte : safte 84.
 éa: uneaðe : deaðe 184, deade : breade 192, feawe : un-

þeawe 347, — lean 54, deaðe 106, endelease 143, feawe 352, eaðe 372. — fewe 104, heie 164, 349. eá: ʒier 142.

Ae. éa. Dass ae. éa für unser Denkmal e ergeben hat, beweist der Reim herde : arerde 172 (D J T harde : arerde, E herde : rerde, e hearde : arerde). herde ae. heard und arerde ae. arêrde, wo übrigens Kürzung eingetreten ist. Vor *ll* wird indessen a zu schreiben sein. In solchen Wörtern ist in den Hss. in keinem Falle ein e an Stelle eines ae. éa belegt. Hierher gehören: alle : bifalle 198, alle : falle 314, — walle 41, wallinde 220, walleð 247.

Ae. eá. Auch dieses eá hat e werden müssen, wie der Reim sceste : lefte 84 beweist, wo e aus eá in ae. sceáft mit e aus y in lefte, ae. lyft, reimt.

Ae. éa. Der Reim -lese : hese 294 (lese ae. léas, hese ae. hi̊s) beweist, dass aus ae. éa in unserm Denkmal e geworden ist.

Ae. eǒ. Ein Reim ist nicht vorhanden, doch werden wir auch hier e ansetzen können. E e J L schreiben ʒer (ae. geár) v. 142, D und T haben ʒier.

Ae. éo, eó, éo. (eǒ kommt in unserm Text nicht vor). Unser Text weist keinen Reim auf, in dem einem Worte, dem ae. eo zukommt, ein Wort gegenüberstände, das ein ursprüngliches e oder o hat. Da nun auch in den Hss. die Schreibung eo sehr häufig ist und sich bei dem willkürlichen Schwanken in der Schreibung derselben Wörter in einer und derselben Hss. nicht sonst irgendwie eine feste Regel auffinden lässt, so schien es mir am sichersten eo beizubehalten, resp. einzuführen.

Die Schreibung in den Hss.:

D: Es tritt für éo, eó, éo meist das kentische ie ein. Vgl. Einleitung zu D. Ausgenommen: heuene : seuene 27, viende : frende 222, erðe 75, 84, — worke 11, wore 160, were 179.

E: éo: weore 128, 245, weorkes 256 — were 111, 116, werche 11, werkes 63, heuene 75, 81, 322, erðe 75, herþe 81.

eó: ʒung 4, ʒuinge 10 (hunger : ʒeonger 324, vgl. u. y), ʒeogeðe 375.

éo: Meist zu u, ue geworden. Cf. Einleitung zu E. Daneben e in leve : þeve 44, ben 2, 59, iben 3, isen

18, leure 29, 265. — eo in feonde : freonde 222, — beo 4, 29, beoþ 19, heolden 172, 296.

e: éo: Meist eo, selten e. weorch 111, weore 116, 128, weorkes 63, 72, 256, eorðe 75, 81, heouene 81; — e: heuene : seouene 27, — heuene 75, 322.

eó: ʒyng 4, ʒunge 10 (hunger : ʒeonger 324).

ĉo: Meist eo, selten e, u. freonde : feonde 222, — ibeon 3, beo 4, beon 39, 41, 59, beoþ 19, (i)seon 18, 160, freond 30, bifleon 154, — e: ben 2, — u: þustre 76, 78, buþ 120, — ruwen : seowen 22.

J: verfährt verhältnissmässig am consequentesten. Es setzt für éo, eó, êo fast überall eo. Ausgenommen werke 11, werkes 111, werk 116, — ʒong 4, 10, ʒonghede 375, — þeue : leue 44.

L.: éo: meist o: hovene : sovene 27, houen 75, 76, 84, horþe 75, orþe 81 — horte : smirte 114, — e: werch 116, werc 128, werke 11, werkes 33, 63, 72.

eó: ʒung 4, ʒunge 10.

eû: o in bon 2, 161, bo 32, boþ 76, 120, rowen : sowen 21, frond 30, 185, holden 72, lof 73, 250, 252, son 160, — e in lef 250, ie in biflien 154.

T: éo: Wie in D auch hier ie sehr häufig. e in werke 11, werc 116, 128, werkes 111, erþe 75, 81.

eó: jung 4, ʒeunge 10 (hunger : ʒeunger 324).

êo zu e: be 2, 32, iben 3, beþ 19, ben 39, 41, 59, rewen : sewen 21, leuere 29, 269, frend 30, lef 250, zu ie: isien 18, 160, 377, 383, 386, lieue : þieue 44. fiendes : friende 222, þiesternesse 279, zu u in þuster 78.

ie, ié, îe, iê.

Ae. ie, dem altwestsächsischen Umlaut von éa und éo, steht e gegenüber. Dies beweist der Reim elde : selde 325, wo e aus ie in ae. ieldo reimt mit ursprünglichem e in selde aus ae. seldan.

Ae. ié, an Stelle eines e nach g und sc, wird zu e, denn v. 46 ʒelde : selde = ae. giéld : seldan.

Ae. îe, dem altwestsächsischen Umlaut von êa und êo, entspricht in unserm Gedicht ein e: ileue : scirreue 50, ae. geliéfan : scîrgeréfa, — Eue : ileue 175, ae: Eue, Eua : geliéfan, — ileue : reue 258, — grene : scene 342. ae. grêne : scîene.

Ae. ië. Ein Reim ist in dem Gedicht nicht vorhanden. Ich setze hier auch e an, in chele, ae. ciêle, vv. 199, 234, 235, 256, 323.

Unter den Hss. zeigt J die grösste Regelmässigkeit; es hat nämlich mit Ausnahme von virst v. 37, überall e an Stelle eines ursprünglichen ie. Nach J zeigt L die beste Schreibung, nämlich e mit Ausnahme von first 37, ʒiue 56, gif 166, ʒif 216. — Die andern Hss. weisen die grösste Mannigfaltigkeit auf. Ein *anderer Laut als e* ist nämlich eingetreten in:

D: ie: i in first 37, — ie in ʒielde : selde 46, dierne 78.
  ié: ie in ʒiet 5, forʒiete 34, ʒieue 56, 64, ʒietþ 71, iʒieue 315.
  ie: i in ripen 23, — ie in ihiere 265.

E: ié: y (i) in forʒyte 34, 98, forʒytet 38, ʒiue 56, 397, ʒiueð 146, forʒiuen 215, forʒiuenesse 300, ʒif 121, 216, 304, 321, 331, — ie in ʒieued 191, — ue in ʒuet 5, — u in forʒut 25, ʒuue 121, ʒut 297.
  ie: i in ripen 23, — u in ihurð 89, iluuet 131, alused 136, ihuren 264.
  ié: u in chule 199.

e: ie: u in furst 37, durne 78, ulde 324.
  ié: (y) i in forʒite 34, 98, forʒitet 38, ʒiue 56, ʒyue 122, ʒifþ 146, ʒiueð 191, 333, forʒiuen 215, ʒiue 263, 315, — ie, ye in ʒyet 5, ʒieuen 64, ʒief 304, — u in forʒut 25, ʒut 291, 297.
  ie: i in ripen 23, — u in ihurð 89, ihuren 264.
  ié: u in chule 199.

T: ie: u in furst 37.
  ié: ie regelmässig. ʒielde : selde 46, forʒiete 34, 98, forʒieteð 38, ʒieue 56, 64, 74, 122, ʒieueð 71, 191. 333, biʒiete 105, biʒiet 126, ʒief 121, 166, 216, 228, 304 etc., forʒieue 215, ʒieue 263, 316, 338, 397, ʒiet 291, 297, forʒieuenesse 300.
  ie: ripen 23.

Unorganisches e. Ein unorganisches e wird angefügt:
1. dem *nominativ der ae. feminina* (ja-Stämme). Das beweisen die folgenden Reime:
  lesse : rihtwisnesse 72, mihte : nihte (dat.) 78, blisse : (mid)

iwisse 156, 378, sinne : cinne (dat.) 204, mihte : wihte (dat.) 214, mede : glede 220, elmesse : forʒeuenesse (acc.) 300, este : reste 362, sihte : nihte (dat.) 368, unhelðe (dat.) : unselðe 376.

Aus dem Innern des Verses gehören folgende Wörter hierher: idelnesse 7, elmesse 28, witnesse 113, 116, pine 137, 292, saule 138, sorʒe 142, 196, 376, blisse 143, wambe 147, mirhðe 156, 366, 367, unhelðe 325, hese 347.
Dieses e ist noch nicht angefügt in: murcð E. 156, 366, 367, stret E. e J. 343, hes E. 347, has T 347. — hit? T 138 (die andern Hss. haben hete) vielleicht Pronomen?

2. Ein unorganisches e wird angefügt einem *ae. masculinum*: eie : leie 280, ae : ege : leg. Ferner were 31 in allen Hss. ausser in e.

In den Hss. finden wir unorganisches e in Substantivis ausserdem noch in folgenden Fällen: winde, ae. masc. wind in e 138, ofsprunge E. 198, kinge, ae. masc. king E. 218, life, ae. neutr. lif in T 373.

Das unorganische e wird einerseits elidiert, sowol vor Vokalen (idelnesse 7, witnesse 113, 116, sinne 196, weorulde 332) als auch vor Consonanten (elmesse 28, blisse 143, unhelðe 325, mirhðe 366), andererseits ist es aber auch fähig, in der Senkung zu stehen: were 31, saule 138, sorʒe 142, wambe 147, sorʒe 376, und zwar hier überall vor einem Consonanten, vor einem Vokal: sorʒe 196.

3. *Anhängung eines e an Adverbien*: þere : were 100, here : isere 102, 232, 296, hwere : þere 330. Im Innern des Verses ist dies e im Ausgange der Adverbien in der Regel nicht geschrieben. Doch þere e 50, e 140, J 263, T 224, — here E 166, E T 290, — eke J 3, J 82. — In J ausserdem leste 61 für ae. læst.

b) Consonanten.

Ae. c. Der ae. Guttural c ist in den Hss. nicht gleichmässig erhalten geblieben, sondern häufig in ch gewandelt worden. Eine feste Regel aus der Schreibung der Hss. heraus aufzustellen und für den kritischen Text durchzuführen, scheint mir nicht möglich zu sein. Der Eintritt des ch wird meist veranlasst sein durch ein folgendes (im ae. oft nicht mehr vorhandenes) i (j), wie z. B. in den schwachen Verben þenchen, fordrenchen, sechen etc. Bisweilen dürfte das ch auch seinen Grund haben in einem vorhergehenden i, wie in riche, diche, uniliche, sellich. — Nebenbei wird aber Analogie tätig gewesen sein, so nämlich, dass z. B. die im Verbum eingetretene Wandlung dann auch in das dazu gehörige Substantivum übergieng, oder dass der in einer Zeitform berechtigte Laut auch in allen andern Formen durchdrang.

Anlautendes c.

c in cume 26, 73, 156 etc., cuðe 99, 193, cnawe 110, 137, — *k* in king 50, 80, 218 in allen Hss.; ebenso kare 45 ausser in T (care). — *Die Hss. haben ausserdem k in* kan 71, kumeð 73, kuðen 99, knauð 110, iknauwen 163.

ch vor e in chele 199, 234 etc., bicherd 320, — *vor eo* in cheole 364, — *vor i* in child 3, 24, 25, 150.

Inlautendes c.

Der harte c-Laut ist gleichmässig in allen Hss. erhalten, und zwar in der Schreibung k, in den folgenden Wörtern: þanke 69, brekeð 91, quike 192, walkeð 239, 242, drunke 260, snake 275, speke prt. 276, marke 298. — Ausserdem schreibe ich *k mit der Majorität der Hss.* in swunke : drunke 255 (so in E I. T), mislikeð : biswikeð 14, wo k in D E J T geschrieben ist, swike 103 (nur T hat swichen), swikele 253 (nur e: swichele), weorkes (k in D T 63, 72, 116, E 63, 72, 256, c 63, 72, I. 63, 72 — ch in E 11, L 256), likede 13 (e : licede). *g an Stelle eines ursprünglichen c* in þingþ I. 5.

Inlautendes ac. c zu ch erweicht in of þinche : swinche 205, swenche : þenche 253, þenche : fordrenche 331, scenche : screnche 333, recche : fecche 224, wo ac. cc zu cch geworden ist, ecche zu ac. æcce. 199, secheð 217, 239, 241, — heouenriche : diche 41, riche : uniliche 358, michel 12, 66, 77, 92 etc.

Auslautendes ac. c in den Hss. meist erhalten: þanc 71, 90, weorc, wo c in D 128, E 111, 116, 128, 245, c 116, 128, 245, T 116, 128 und ch in c 111, L 116, seoc 201, swanc 360, — ic D E 1, D E c vv. 2, 3, 4, 5, 6, E c 223 (ich in L und in D E c vv. 224, 289, 303).

Der weiche Laut wird mit der Majorität der Hss. zu schreiben sein in elch 27, 107, 111, 115 etc., iswinch 36, 37, 196 etc. (swinc in L), swilch 90, 118, 120 etc., hwilch 138, sellich 183 (sullic L) þich 220, 247. — Ae. eg zu gg in bigge 65, segge 92, 94, 149, 225 etc., liggeð 281, leggeð 318.

Anlautendes ae. œ erhält die Schreibung qu: iqueðe 9, quike 79, 192, iqueine 95, iquemed 174, — (e.: eweman 95).

f im Anlaut. Ausser in der kentischen Hs. D, in der v im Anlaute an Stelle eines ae. f die Regel ist, kommt dies v neben f häufiger nur in J vor, nämlich in folgenden Fällen: veole 9, 96, 104, 288 (feole 10, 210), virst 37, Vor 38, 52, vynde 54, 58, vare 178 (fare 180), vader 188 (fader 150), veondes variante zu 268, veond 281, 283, 288. In den andern Hss. nur in vyue E. 28, vele E. 288, iuere E. 295, vele e 97, iuere e 102, L. 231.

Im Inlaute ist das ae. f zu v erweicht. Die Hss. schreiben ein f im Inlaute noch in folgenden Fällen:

E: alife : wyfe 24, wife 25, wife : alife 32, æfrech 32, deofles 195, 333, deofel 216, suelfer 266, deoflen 271. — e: alife : wife 24, wife 25, wife : aliue 32, wyfe 45, nafð 134, hafð 143, 174, deofel 216, deofles 256, deoflen 271. — L: ufele 19, ʒefe 45, 121, hefde 51, ufel 59, 93, efre 68, 251, naf[eð] 134, ʒefð 146, hefð 149. — T: afric 32, africh 65, afre 86, 153, nafre 96, 123, 182, 184, 223, deflen 97, afremo 106, 202, himselfen 107, ef- ninges 164.

Ae. g erhält sich anlautend vor a, o, u, i und vor Consonanten: gast 271, game 290, — god 19, 27 etc., goldes 70, golde 266, — gunnen prt zu ginnen 274, — gilt 166, giltes 274, — grame 168, grund 180, 297, glede 220, grene 341, grei 363.

Ae. g wird zu ʒ vor e (älteres ie) und eo in: ʒet 5, 291, ʒelde 45, ʒeue 64, ʒef 121, 166 etc., ʒer 142, forʒeuenesse 300, — ʒeorn 49, 348, ʒeoʒeðe 375.

Inlautendes ae. g wird zu ʒ, ausser wenn ein n vorhergeht: folʒeð 14, eʒe 75, 379, fuʒel 83, laʒe 172, dreoʒe 290, niʒeðe 340.

Bei vorangehendem n dagegen bleibt das g erhalten: strengðe (D: strenhðe 170, E: strencðe 315) 170, 315, wrangwise 258 (E e wrancwise), tunge 287, hangeð 310, bringe 351, 395.

Auslautendes g wird erhalten nach n: king 50, 80, þing 84, naþing 98, ofspring 198, 209, reuing 255, strang 314. In der Adjectivendung ig fällt das g ab. Dieser Vorgang wird schon auf ae. Gebiete vorbereitet. Elene 77: wliti wuldres boda. Cf. Haupt Zs. 21, 16. — manies 36, mani 38, 135, 203, eni 53, 68, 271, wari 144, weri 242, ahnilities 335 (anigewise l. 271, ealmihtiʒes e 335).

Bei ae. ðeg, æg, îg, eg tritt Diphthongisierung ein. Wie wir pp. 14, 15 geschen, ergab ae. æ ein e, und so erhalten wir bei der Diphthongisierung gleichmässig ei für æg und eg.

ǽ, œ̄: mei = mǽg 29, 187, eiðer = ae. ǽghwæðer 62, 237, grei = ae. grǽg 363, — leide = ae. lǽgde 261, ileid 12, mei = mǽg 16, 35, 40 etc., dei = dǽg 136, 158.

ě, ę: eie : leie, ae. lěg 280, eie = ae. ege 20, weies 72, seið = segeð, segð 114, 135, wei = weg 339, 341, 347, 351.

In T, das wie pp. 14, 15 erwähnt für ae. æ ein a zeigt, ergiebt sich hier sehr natürlich eine Scheidung zwischen dem aus eg entstandenen ei und dem auf æg zurückgehenden ai. — *Dies ai* findet sich ausserdem auch in E: mai 16, 35, 66, 69, 88, 109, 129, 147, 148, 215, dai 76, 139, — J: may 16, 21 — L.: mai 35.

Die Schreibung ei, (sogar für ursprüngliches eg) in e: für æg in mæi 29, æiðer 62, Æiðer 237, græi 336 — für eg : æie 20; — in T: mæi 29.

Die Diphthongisierung ist unterblieben in weg T 339.

Schreibung des z in den Hss.:

1. *ʒ* in E: howe 113, mouwe 187, owe 205, 263, sorwe 205, 376, awene 259, lawe 293, 311, folewed 344, — in J: mowe : owe 30, 113, 116, owene 108, owe : lowe 160, lawe 172, 311, sorewe 196, 376, — in T: mowe : owen 30, drawen 47.
2. *ʒh* in D: draʒhen 47, eʒhen 75, — in e: maʒhe 187.
3. *h* an Stelle eines ae. g in D: strenhðe 170.
4. *c* in E e 258: wrancwise und E 315: strencðe.

In J ist anlautendes *ʒ* als *y* geschrieben: yong 4, yet 5, yonge 10, foryet 25 etc.

Unorganisches z ist vorgetreten in zeu, ae. ėow D 157, 225, 230, 289, zedi e 229, zeorre E 278, zierles T 322.

z ist abgefallen in ef D 121, 166, 216, 228, 304, 321, 331, if J 304.

ae. h im Anlaute vor Vokalen bleibt erhalten: habbe, herd, he, hit, hunger etc.

Abgefallen ist dies h in E: al 114, unelðe 199, vnger 231, vndredfelde 249, it 342, 356, — in e: is 146, — in L. efð 173, undret 210, 249, is 219, undret fald 249.

Im Anlaute vor Consonanten ist h erhalten: in hwile 21, 23, 27, 35 etc. hwenne 35, 398, hlauerd 80, 189, hwi 105, hwilch 132, 138, hliste 228, hweðer 238.

Abgefallen ist dies h im Anlaute vor Consonanten gleichmässig schon in allen Hss. in reowe 21, 356. — Ferner wet E 23, 92, 246, e 23, I. 94, 137, wile E 301, 329, I. 35, wanne E 35, 398, wan E 105, 328, wenne I. 127, 152, lauerd 80, 189 in DELT, wo E 135, wulche E 132, wile E 138, wet I. 137, weðer E 238, elles ware E 329.

Unorganisches h im Anlaute findet sich:
D: helde 16, heȝhte 42, hoȝen 163, hut 185, Hauene 250, hete 260, herre 278, harue 313, hunhelðe 325, hiwil 344, — E: his 28, herþe 81, howe 113, hore 130, hure 143, heueninges 164, hou 289, — J: hus zwischen v. 94 und 95, — L: horþe 75, hord, horde 85, helche 89, helde 199, his 231.

wh an Stelle eines ursprünglichen hw:
E: whyle 32, whet 330, — e: whet 90, wheðer 131, 238, whilche 132, whan 328.

Inlautendes und auslautendes h:
Meist ch in L: michte 18, 52, echte 42, 55, unbocht 59, brichte: lihte 76, þach 102, 224, achten 130, nocht 134, ach 168, brochte: bohte 186, mihte: iwichte 214, hech 234, inoch 237, echte 269, hechte, tachte 270. — Daneben aber auch h in mihte: nihte 78, wihte: drihten 80 etc.

c in E: murcð 156.
ch in E: þech 4.
f in e: of þufte 273.
ȝ in D: eȝhte: bikaȝte 320, biþoȝt 8, miȝte 15, þurhsiȝð 88, merȝðe 353, 359, 366, 367, 394, þeȝ 358.
ȝh in D: þeȝh 4, 114, heȝhte 42, eȝhte 55, 269, þaȝh 183.
in T: inoȝh 387.
ð in D: þeð 165, 225, 346, þurð 195, ecðe 199, laðte 270.
in E: þurð-sihð 90, þurð sihte 284.
in L: þurþsicheþ 90.

Ausgefallen ist h in meruþe E 353 und murþe L 156, — *abgefallen* in þei E 102, 165, 183.

ht assimiliert zu tt (tht an Stelle von ht):
E: eitte 42, britte: lithte 76, rithte: dritte 110, broutte: bouhte 186, — drithte 119.*

l ist abgefallen in muche DJ 355, T 388, — lite e 46, 73, lute 262.

---

* Während des Druckes geht mir Band IV, I. Heft von Kölbings Engl. Studien zu. Cf. p. 95 a. a. O.

n im Auslaute:

fällt ab 1) im *nom. und acc. sg. von Substantiven mit dem Ausgang -en im ac.* Das beweisen die Reime: wihte : drihte 80 nom., — rihte : drihte 110 nom. — mihte : drihte 178 acc., mihte : drihte 308 nom. — Danach wird auch game 290 anzusetzen sein (D E e L T: gamen, J: game), ferner drunke acc., ac. druncen 255.

2) *im Plural von Substantiven, ac. Plural auf -an*: here : ifere 102, 231. — eʒe 75, swike 103.

3) *Reim Adjectivum* maʒe : aʒe 30, laʒe : aʒe 164.

4) *Bei Adverbien* ʒelde : selde 46, elde : selde 326, — bifore 18, 27, 28, 63 etc., bute 8, 26, 52, 100 etc.

5) *Bei der Infinitivendung*: ileue : scirreue 50, sende : ende 52, abide : tide 139, adrede : dede 160, adrede : misdede 166, 208, ileue : Eue 176, understande : hande 194, ofpinche : swinche 206, 372, finde : swinde 242, ileste : unstedefeste 244, 318, bihelde : elde 286, 311, telle : helle 288, teche : leche 304, falle : alle 314, screnche : scenche 334, lete : strete 344, fille : hille 350, bringe : kinge 352.

6) *Im praeteritum pluralis*: ofdredde part. : ledde 94, þere : were 100, holde : wolde 268, iquemde : fordemde part. 272, ilome : come 328.

7) *Im participium praet. der starken Verben*: iborʒe : sorʒe 168, ifunde : grunde 180, alle : bifalle 198.

In allen diesen Fällen ist das n in den Hss. häufig geschrieben sowol im Versinnern, wie im Reime, wodurch der letztere ungenau geworden ist, z. B. L. 80: wihte : drihten, 90: deden : (to)rede etc.

Auf eine *Erhaltung des n* zur Vermeidung des Hiatus weist hin der Gebrauch der Praeposition an, on, einerseits in dieser vollen Form, andererseits aber ohne n (a o).

an, in, on horde v. 12. E e L T
on heore write v. 101. on D E e J T, in L.
on helle fir v. 152. on E J L, an T.
on hele v. 202. on D E e T, a L.
on unwinne v. 210. on D J, an L, in E, a e, f. T.
on helle v. 210. on D, an e L T, in E.
on ete v. 260. on D E J T, en e, an L.

Dagegen:

a weorke and a worde v. 11. E e L T.
a swa v. 78. E e, on D T, in J.
a domes dei 136. E e J L, on D.

a rode v. 189. e L T.
a blisse v. 202. E e L T, on D.
a þanke 243. e L, on D E, an T.

Aus diesem Verhalten der Hss. scheint mir hervorzugehen, dass wir vor Vokalen und h die Form mit n (on), vor Consonanten dagegen a zu setzen haben.

Inlautendes ae. sc lasse ich mit E e L. unverändert. In J ist regelmässig sch an Stelle des *ae. sc* geschrieben, z. B. schop 84, schule 96, schal 107, 108, 161, 162 etc., schineð 277, schilde 301, 334, schene 342. — *In* D *meist s*: serreue 50, sel 59, 107, 108, solde 60, seafte 84, samien 165, same 168, sind 277, silden 303, siten 348, — *sh*: shilde 301. — *In L*: *s* in solde 51, bisunien 154. — In *T*: *s* in sal 26, 35, 47, solde 37, 48, sop 84, bisunien 154, sulle 247, sineð 277, senche 333, — *sc* in sereuche 354.

Inlautendes sc ist zu *ss* geworden in allen Hss. mit Ausnahme von e, in fisses v. 83 (fisces in e).

ð: In E finden wir an Stelle eines ð in der Verbalendung eð = ae. að sehr häufig ein d oder t. *ed*: bihoted 38, haued 40, 66, 70, wened 41, sended 46, breked 91, wulled 97, beod 104, cnawed 110, demed 119 etc. etc. *et*: forʒytet 38, habbet 51, 98, 101, 168, gultet 91, biddet 127 etc. etc. — Ferner he ded 82, det 20, 53, dot 58, bet (beoð) 77.

Ausserhalb der Verbalflexion d für ð in E: ded (dēað) 124, 127, wid 154, 302, 323, 337, ford 178, lod 343, — t für ð in wit 228, ʒituten 369.

In e: -et für eð in: ofpinchet 10, mislichet 13, seamet: gramet 167, habbet 168, hauet 173. — In L: etlete für eðlete 150, 155, 259, uneade : deaþe 184, bernd 251, — wih für wið 222.

w. ʒ *für w in* ʒare (ware) E 68, ʒituten (wiðuten) E 369, ʒihte E 382.

Formenlehre.

Substantivum.

Nominativus. Die ae. starken masc. und neutra erleiden keine Veränderungen, abgesehen von denen, welche durch die lautliche Entwicklung bedingt werden. Die Wörter, welche auf einen Consonanten im ae. endigten, behalten diesen Ausgang. (Cf. p. 22, 2.)

masc.: god 8, man 24, 37, mei 29, king 50, 80, hlauerd 80, dom 124, 169, wind 138, þirst, hunger 199, 325, wisdom 213, wop 233, gast 270, smech 279, deð 325, dei 368.

neutrum: wit 2, child 3, 150, wif 31, 150, ord 85, lif 120, 362, folc 215, þing 265, liht 280, bred, win 361.

Die schwachen masc. verwandeln das a der Endung in e: scirreue aus scîr-gerêfa 50, mone 76, wille 82.

Die feminina zeigen im nom. sg. gleichmässig ein e. Cf. 'unorganisches e' pag. 21. — elde 17, mæge 29, heorte 74, 113, heonene in allen Hss., ae. heofone neben heofon, 81, eorðe 81 — haben *schon im ae. ein e* (o in ældo). *Ein e fügen an*: idelnesse 7, elmesse 28, witnesse 113, sinne 129, pine 137, saule 138, wambe 147 etc. — weorulde 332 (cf. gen. fem.), strete 343, hese 347. — *Dies e ist noch nicht angefügt*: woruld e, world J, wereld T 332, stret E e J 343, hes E, has T 347.

Genitivus: st. masc. und neutr. — es. — masc.: mannes 30, 36, 90 etc., domes 136, deoules 179, 195, 256.

neutr.: swinches 64, swines 145, cinnes 361.

sw. masc.: -e (ae. an): lichame 304.

femininum: Die Feminina, welche im ae. -e und -an zeigen, haben gleichmässig *die Endung -e*: helle pine 154, 230, helle grunde 180, helle dure 182, helle king 218, saule leche 304. — weorulde scheint früh zum masc. oder neutr. übergetreten zu sein. (Vgl. æfter þissum worulde bei Grein in Älfreds Metren X, 70.) Es kommt in den Hss. der Genitiv worldes vor (E 224, 269, J 336). Da aber e den Nominativ þeos world und E: þes worlde 332 aufweisen, so habe ich, da beide Formen auf ein femininum hindeuten, den Genitiv weorulde angesetzt. elche weorulde 224, of þisse weorulde ehte 269, wið þisse wrecche weorulde luue 336.

Dativus: Im Dativ finden wir bei allen Substantiven ohne Unterschied die Endung -e.

1. *Solche, die schon im Nominativ ein -e haben*: unhelðe 16, were 31, ende 85, time 132, wine 144, pine 148, wene 153, chele 323, riche 326.

2. *Solche, die das -e erst im Dativ anfügen*: horde 12, smeche, miste 18, criste 20, gode 23, wiue, childe 25, fire, þeoue 43, dome 48, punde 67, wettre, lande 82, orde 85, rede 90, deðe 106, 184, boke 118, hungre 147 (hunger in E e J L T), deie 158, soðe 176, blode 190, seolure, golde 266, cliue, hille 349.

Accusativus: Ohne Endung wie im Nominativ die *st. masc. und neutra.* — *masc.*: þanc 90, dei 139, dom 171, deð 184, gilt 197, micklenerd 195, 200 (middenerde L. 195), del 340, wei 351.
neutr.: lif 93, weore 128, weter 144, iswinch 318.

Die Endung *-e* haben im *Accusativus* die *feminina*: iselðe 15, blisse 39, ehte 42, heouene, corðe 75, rune 89, hese 91 (hesne D, hes J, has T), are 125, strete 339 (stret E e J), strete : to lete 344 in D J.

Pluralis: Im *Nominativus und Accusativus* finden wir, genau entsprechend dem *ae.*, *die starken neutra ohne Endung*: word 9, 160, iswinch 36, þing 84, 389, zer 142. — Ohne Endung sind auch die beiden Wörter *freond* und *feond*, die im ae. neben den Formen frēondas, feondas auch ein frēond und fēond im Plural aufweisen. freond 184, alle godes freond 222, laðliche feond 281, ateliche feond 283.

Die Endung *-es* zeigen, analog dem -as der ae. starken masc. auf -a: walles 42 (walle e L.), weies 72, fisses 83, fuʒeles 83, engles 94, horlinges 103, eueninges 164, þrelles 189, meteniþinges 232, giltes 274, corles, kinges 322, erminges 322. — Dieser Declination ist ausserdem beigetreten weorc, ae. ein st. neutr., das den plur. weorkes zeigt — v. 63 in allen Hss. —, ebenso v. 72: his weorkes and his weies. v. 111 haben E e his weorch and his iwill gegen D J L T, welche his weorkes and his wille lesen — möglich dass E e den sing. meinten. Ausserdem kommt ein nom. plur. þinges (neben þing v. 84) im Reim mit deorlinges v. 388 vor.

Dem *nom. und acc. plur. der ae. starken feminina auf -a* entspricht ein plur. *auf -e* (in den Hss. häufig -en, cf. pag. 27): *nom.*: wihte : drihte 79, — *acc.*: dede : rede, dat. sg., 89, dede : adrede 160, adrede : misdede 166, misdede : lede 273, — dede 10, milhte 77, stunde 149, laʒe 172, 311 (laʒes E 172, T 311), hme 312, saule 396.

Pluralia auf -e, entsprechend den *ae. schwachen Formen auf -an*: *nom.*: ifere : here 102, — *nom.*: eʒe 75, swike 103, neddre, snake 275.

Genitivus: Dem ae. gen. plur. auf -a entsprechend, finden wir in unserm Gedicht einen *gen. auf -e*: deoule 97 (so in L., deoulen D T, deoules E e), nihte 142 (nihtes E), mirhðe 353, engle 378 (englene J, engles D T). — Neben dem gen. plur. engle haben wir auch einen solchen in der Form englene 353 in D E e J T und

378 in J, der einem ae. gen. plur. auf -ena der schwachen Declination entspricht.

Der Dativus plur. hat die Endung -e. Ich nehme für unser Denkmal an, dass sich der dat. plur. entwickelt habe aus der entsprechenden ae. Form auf -um, also noch nicht gebildet sei nach Analogie mit den Formen des nom. und acc. Hätte der dat. plur. seine selbständige Fortbildung schon eingebüsst, so müssten wir z. B. neben den Pluralformen þing und þinges für dieses selbe Wort als Plural noch eine 3. Form þinge annehmen, die wir v. 318 als dat. plur. finden. Ebenso wrenche : þenche 254, wo der ae. nom. plur. wrencas heisst, also für unser Gedicht wrenches. — Ferner wintre, lare 1, worde, dede 3, weorke, worde 11, deore 145, feonde 221, freonde 222 zu dem nom. plur. feond, freond 281, 283, bende : ende (sgl.) 291, 396.

Eine Spur des Eintritts einer Dativbildung nach Analogie des nom. und acc. ist deorlinges : þinges 388, — wines E 221. — *man, feder, broðer.*

1) *man.* nom. sg.: man 32, 38, 39, 68, gen. mannes 30, 36, 90, 113, 259, dat. man 20, 203, 261 (l.: men 20?), accus. man 119. — plur. nom.: men 41, 161, 162, gen. manne 163, 378, dat. manne 20, 340, accus. men 172, 252. 2) *feder.* nom. sgl. feder 150, gen. feder 197 (faderes E e J T), dat. feder 188. — 3) *broðer.* nom. broðer 150, dat. broðer 187.

Adjectivum.

a) *Die starke Flexion:*

Singularis, nom. masc.: eld 4, milde 26, sot 30, 130, wis 33, siker 39, hal 114, iuel, god 121, god 122, wis 126, biter 138, bliðe 174, ded, seoc 201, michel 203, areles 218, iuel 279, sed 390. — *fem.*: michel 77 (muchele J L), 203, 367, soð, briht 368. — *neutr.*: michel, litel 12, litel 73, leof 73, 252, 259, al 162, strang liht 314. — *Genitivus, masc.*: oðres 30, 259, 265, manies 36, milhties 335. — *fem.*: elche 224, wrecche 336. — *neutr.*: oðres 361 (oðer E). — *Dativus* hat für *masc. und neutr.* die Endung -e: iuele 19, 26, sikere 42, wrangwise 48, gode 73, manie 203, hege 282. — *dat. fem. auf -re*: are 207, 209, 381 (ane in E e, one in D T 207, 209, one J 207, ore J 209, are L 207, 209, ore T 381, ane E 381. — *Accusativus masc.*: nenne 119, enne 139 (on T), herdne 171 [nerewe 341 : n.erewne e, narewe D E J T]. —

fem.: michele 193 (muchel D J T), 207, 394, litle, lange 329. — *neutr.*: wie im ac. *keine Endung*: unmit 5, god 19, 53, 60, 123, iuel 60, 93, 128.

Pluralis, masc. nom.: erʒe, þriste 19, sikere 41, quike 79, alle 175, 176, 204, wise 225, 231, erme 229, unstedefeste 243, swikele 253, lese 257, ateliche 283. — *dativ*: wrecche 261. — *accus.*: sare 36, wrecche 172, 252. - - *femininum, nom.*: michele 77 (michel D Ee, J: sgl.), 288. - -- *accus.*: ʒunge 10. — *neutr., nom.*: brihte 75, 379, alle oðre 388. -- *dat.*: wilde 145. — *accus.*: idele 9. — [nom. plur. masc. siker — prädicativ — D e J L T 41.]

Der ac. starke gen. plur. -ra ist als -re in unserm Denkmal erhalten in alre manne 163, ure alre hlauerd 189, alre mirhðe mest 353.

b) *Die schwache Flexion der Adjectiva:* Der *singularis* sowol wie der *pluralis* gehen in allen Casus *auf e* aus.

Singularis, nom.: þe laðe ne þe leoue 44, laðe 270, 285, swerte 280, elde 285, nerewe 347. — *dat.*: michele 92, heonenliche 96. — *acc.*: nerewe 341 (nærewne in e).

Pluralis, nom.: fremede, sibbe 34, riche 41, heʒe 164, laʒe : aʒe 164. — *dat.*: laðe 291. — *acc.*: quike (quica T), dede 192, newe, elde 311.

Pronomina.

1) *pron. personale*. 1. *person*: nom. sg.: ic 1, 2, 3, 4 etc. (ich regelmässig in J L), i in E 304, iwulle E 157, iwule L 157, in T: idude 2, ibie 4, ibiþenche 6, ime 6, ine 16, 223, isal 304. — *gen.*: cf. pron. poss. — *dat.*: me 5, 8, 13 etc. — *acc.*: me. — nom. plur.: we 47, 49, 51 etc. — *dat.*: us 48, 64, 87, 90, 95 etc. — *acc.*: us 97, 190, 322 etc. — 2. *person*: sg. *nom.*: þu 86, 129. — *dat.*: þe 29. — *acc.*: þe 129. — *plur. nom.*: ʒe 27, 49. — *dat.*: eow 27, 50, 157, 289. — *acc.*: eow (D: ʒeu 157, 225, 230, 289, E: ou 50, ow 230, hou 289, J: ou 230, eu 157, 289, L: ou 50, 225, ow 157, 230). — 3. *pers. sg. nom. masc.*: he 14, 23, 26 etc. — *fem.*: heo 333, 336 (hit T). — *dat. masc.*: him 26, 71, 77 etc., 150 etc. (ham in D 155 sgl.?). — *dat. fem. und neutr.* kommen nicht vor. — *acc. masc.*: hine 34, 88, 109, 110, 116, 286, 383, 389 (him : stets in J ausser 389, E 88, 334, 383, L T 88, in allen Hss. 109, E e L 110). — *acc. fem.* zeigt in den Hss. sehr verschiedene Formen, am häufigsten hi, ae. hî und his, dann aber auch hit, ha, hoe, hire, him, es,

hes. — Es scheint mir wahrscheinlich, dass der Dichter die Formen hi und his neben einander gebrauchte, doch lässt sich aus dem Verhalten der Hss. nicht constatieren, wo der Dichter hi und wo er his schrieb. Ich habe gleichmässig *hi* angesetzt, das meist in D, häufig in E e steht, L und T haben gewöhnlich his, hes, es. 40, 55 (E e his, J him, es L), 56 (E e his, J hit), 129 (hoe D, hire E, him T), 146, 149, 216 (hit, it in allen Hss.), 217 (is E, his e, hit J, ha L, hes T), 239, 241. *he und his contrahiert zu hes:* T 55, L T 56, ferner þu hes contrahiert zu þus in E (e?) 129. — *neutrum:* hit 17, 38, 52.

Pluralis: Für den nom. plur. habe ich die Form *hi*, ae. hî, durchgeführt. hi ist die bei weitem häufigere Schreibweise, namentlich in D e, in E daneben heo, ho, hue auch he 105, 176, 180, 184, in T meist hie (he 292), in J überwiegend heo, daneben ho; in L finden wir in derselben Zeile ho neben hi (98, 240). *hi:* 92, 98, 102, 105, 176, 178, 180, 212 etc. — *dat.:* heom 62, 133, 167, 186, 235, 237 etc. etc. (D: ham 21, 167, 186, 235, 237, 291, 299, E: hem 182, 184, E e: hym baðe 62, e: him 238, L: him 167, 235, T: hem 182, 184, 228). — *acc.:* hi 102, 182, 184, 186, 228, 312. — In den Hss. kommt schon *heom, hom als accus.* vor, z. B. J: heom 184, 228, 312, L: hom 184, 186, 228. Die ältere Form hi zeigt das kentische D noch am regelmässigsten. Ausserdem kommt noch die Form hes als acc. plur. vor, aber nur in T v. 102, 184, me hes contrahiert zu mes v. 257. Cf. Morris, Ayenbite of Inwyt p. li).

Pronomen possessivum: Als pron. poss. dient der gen. des pron. pers. Spuren der Flexion sind noch erhalten. 1. *pers. sing.:* mi 2, dazu *plur.* mine 302, ure 57, 63, 64, 80, 102 mit *gen.* ures 197. — 2. *pers. sg.:* þi 29. — 3. *pers. sg. masc.:* his 30, 31, 42, 67 etc. etc. his absolut gebraucht 261. *fem.:* hire 31. — *plur.:* heore 101, 177, 204, 205, 211, 228 etc. (D: hire 177, 240, 344, sonst here, E: þere 211, e: heora).

Pronomen demonstrativum: 1. þe, þa, þet.
a) *als bestimmter Artikel.*

Nom. masc.: þe man 39, 123, þe ende 121, þe laðe sathanas 285, þe nerwe wei 347 etc. — In der kentischen Hs. D heisst. der nom. masc. regelmässig *se:* se man 39, 123, se loþe — se lieue 44, se witnesse 116, se dom 169, se deuel 216, se chele 235, se eldre ne se ʒungre 324, se narewe wei 347. — in e: se ireue 50, se ealde 285, in T: se ireue 50, se man 123, se ealde 285. Cf. Morris, O. E. H. II p. VIII und Zupitza, Anglia I 37. — *femininum:* þa: þa wunderlukeste ware 68, þa heorte 74, þa witnesse 116, þa saule 138, þa sinne 203, þa brade strete 343, þa mirhðe 366. — D hat für den nom. sg. fem. *si,* L: þa v. 116, 138, 203 (v. 68 hat L. geändert, 74: þe, 343, 366 fehlen in L), die andern Hss. haben keine besondere Form mehr für das femin. (þet T 68). — *neutr.:* þet fir 251. — *Genitivus, masc.:* þes: þes deoules 195, 256 (þos D 256). *Dativus, masc.:* þan: þan heouenekinge 63 (þe D L, þen E, f. e J), et þan michele dome 92 (þe E e, ate T), þan heouenliche deme 96 (þe E e L, þen J), bi þan ilche wihte 214 (biðer T), to þan chele 234 (þe E), aʒen þan heʒe hille 349 (þe E). — *fem.:* þere: in þere se, in þere lefte 83 (þer — þer D, þe — þe E e J), et þere dure 127 (þare D, ate E, attere L), to þere hete 234 (þe E, þar J, f. e), in þere hete 235 (þe E e, f. J). — *neutr.:* þan: þan cline 349 (þe E e J T). — *Accusativus, masc.:* þene: þene wei bene 339 (þe E), þene nerewe wei and þene wei grene 341 (þane D T). — *fem.:* þa: þa iselðe (þo D e) 15, þa ehte 55 (þet D J L, þe E e T, þa neode 263, þa brade strete 339 (þo D, þe E e T, þeo J). — *neutr.:* þet: þet beste 51. — *Pluralis, nom.:* þa: þa fremede and þa sibbe 34 (þo — þo D, þe — þe e J T), þa swike and þa forsworene 104 (þo — þo D, þe — þe E e J T, þa — ta L), þa heʒe and þa laʒe 164 (þo — þo D, þe — þe E e J L, T hat geändert), þa heðene men 293 (þo D E, þe J T). — *accus.:* þa: þa quike and þa dede (þo — þo D, þo — to E, þe — þe J T) 192, þa niðfulle and þa prude 276 (þo — þo D, þe — þe E e J T), þa wrecche saule 284 (þo D, þe J T), þa newe and þa elde (þo — þo D, þe — þa e, þe — þe E J T) 311, mid þa fewe feire men 352 (þo D E T, te e, þe J).

þe, þa, þet

b) *in pronominaler Bedeutung.* Häufig lässt der Sinn sowol Artikel als auch Pronomen denkbar sein. Als Formen des Pronomens dürften anzusehen sein: *singul.* þan 157, 158, þere 156, 345, 395, þene 351, þa 358. — *plur.* þa 171, 272, 276.

2. þis.

Nom., masc. kommt nicht vor. — *fem.* þis 116, 332 (þeos e 332, þes J 332). — *neutr.* þis 243, 251. — *Gen.: fem.* þisse 333 (þisses D). — *Dat.:* þisse 269, 344 für das fem. und þisse 326, 381 für das neutr. — *Accus.:* Ein acc. *masc.* þisne findet sich nur in der Variante zu D 395, sonst þis 195, 200 in allen Hss. —

fem. þas 356. — *neutr.* þis 331. — *Pluralis nom.* þas 41, 349, 350 (þes e 41, þeo J 41, þeos J 350). — *dat.* þisse 310. — *acc.* þas 232, 284, 301, 312 (þeos J 232, 312).

Pronomina interrogativa und relativa:
hwa, hwet. Das ae. pron. interrogativum hwa, hwæt wird sowol interrogativ als auch relativ gebraucht. *Nom. masc.* hwa 114, 135. — *neutr.* hwet 137. — *dat.* hwan 95, 105, 204, 328 (hwam D 328, 2 mal). — *accus. neutr.*: hwet 92, 94, 95, 328, 330. Der *Instrumentalis* (ae. hwŷ) scheint in D 204 erhalten zu sein in hwi.

Als *pron. relat.* werden ferner gebraucht:
1) þe und zwar a) auf ein *Substantivum* bezüglich, v. 39, 123. — b) *selbständig* vv. 14, 21, 25, 33, 61, 261, 262 etc. (se T 61, 219).
2) *þet* ohne *Rücksicht auf gen. num. und casus*: 30, 65, 68, 73, 161, 162, 194, 247, 249, 251 etc.
3) *þe þe, sing.*: 53, 66, 70, 88, 112, 134 etc. mit dem *dat*: þan þe 71, 360. — *plur.*: þa þe 61, 93, 172, 175, 177, 211, 232 etc., mit dem *dat.*: þan þe 218, 227, 267 (þam þe e 227, 267, þa þe D E e L T 218, þon þat J 218). — se þe D 14, 53, T 53, 55, 61, 69, 112.
4) *das pron. person. mit folgendem* þe *oder* þet: we þe 96, 208, we þet 91. — Besonders häufig in J: he þat 53, heo þat 58 etc.
5) *hwa se* 114 *aus ae. hwâ swâ.*

Das *gebräuchlichste pron. relat. in* D ist se þet, häufig da, wo in den andern Hss. þe, þet oder þe þe steht: 25, 35, 40, 61, 66, 69, 70, 88 etc. — *In* J ist meist þe þat als relat. gebraucht.

Pronomen reflexivum.
Als solches dient 1) *das pron. pers.*: *acc.*: ic me biþenche 5, ic habbe me biþoht. — *dat.*: ic me adrede 6, — he mei him adrede 124, ne þerf he him adrede 165, ne scal him na man mene 170, — we muʒe us eðe adrede 208, scilde we us 306, ute we us biwerie 335, — þa þe scilden heom ne cunne 303, ne muʒe hi werien heom 323, þa þe heom scildeð 348.

Als reflexivum dient 2) *das pron. person. in Verbindung mit self.*
accus.: hine selfne he biswikeð 14 (him selue D, him sulfne E e, him solue J, hine solf L, him selfen T), þe hine selfne forʒet 25, (hine selue D, him selue E e, him seolue J, him solue L, him selfe T), þe hine selfne biþenchð 33 (hine selue D, him sulf E, him sulfne e, him seolue J, L geändert, him selue T). *dativ.*: þe self 29.

Verbum.
Präsens. Indic. sg. 1. *pers.* welde 2, lede 5, adrede 6, recche 223, wene 340. — 3. *pers.*: mislikeð 13, folʒeð, biswikeð 14, standeð 20, biþenchð 33, bihateð, forʒeteþ 38 etc. etc. (cnawað 110 in e, mislicað : biswicað 14 in T). *Contractionen,* wie sie auch schon in der alten Sprache vorkommen. D: þinʒh 5, bit, bet 126, reʒh 135, stant 226, unbint 396. — E: þinh 5, send 43, wit 84, walt 84, seit 112, itit 124, last 169, rat and singð 309, lat 340, bit 355, unbint 396. — e: stent 20, sent 42, itit 124, bit 126, bet 126, lest 169, ret 309. — J: walt, wit 84, ityt 125, bit, bet 126. — L: þench 33, ouersich 75, seit 135, abuh 146, cnauð 148, lest 169, — T: itit 125, bit 126, 166, unbint 396. — *Der plur.* zeigt gleichmässig in allen Hss. die Endung des Südens — eð: 1. *pers.* sendeð, bereð 46, brekeð 91, ileueð 131, ʒeueð 191, libbeð 206, wilnieð 307. — 3. *pers.* weneð 41, þolieð 204, ledeð 211, fareð 234, cumeð 236, walkeð, secheð 239, tereð, freteð 276, leteð 350 etc. Cf. p. 28. — *Conjunctiv praes. sgl.*: wende 86, ʒeue 122, — *plur.*: ileue 176, lete 305 luuie 307.

Das Praeteritum, sowol das starke als auch das schwache, entwickelt sich ganz regelrecht, entsprechend den Lautgesetzen, aus den Formen der alten Sprache.

stark: unband 190, binam 261, let 262, swanc 360 etc. — *plur.*: stele 161, wruʒe, hele 162. — *schwach*: likede 13, þolede 186, brohte : bohte 186, — *plural*: luueden 93, ledden 248 etc. —

Infinitiv. Neben den Formen auf e, en (ae. an) sind noch viele auf ie, ien (ae. ian) erhalten. —

e, en. z. B. speke 9, reowe 21, mawe, repe 22, binime 44, draʒe 44, finden 52, welde : ihekde 56, swinde : finde 58. — [e : draʒan 47, eweman 95]. — *ie, ien*: biclepien 107, wunie : biscunie 154, þolie 184, wernien 228, 230, fulendie 245, baðien 247, werien 323, biwerie: derie 336. — *In den Hss.* an Stelle des ae. -ian ausserdem: *ian* in scamian e 105, — *iean* in biclepiean E 107, — *i* (*y*) in warni D 230, 302, fulendi D 245, werni e 302, warny J 230, fulendy J 245, — *in* in wernin L 230, warnin T 228, 230, endin T 245, — *en* in enden E L 245.

Flectierter Infinitiv: to done 19, 37 [done : sone in E e L T, donne : sone D J v. 37, donne D J 19].

Participium praes. wallinde pich, berninde glede 220 (wallende, burnende in e, barnende T).

Participium praes.: Characteristisch für den Süden meist mit der Vorsilbe -i: *stark*: bistolen 17, forhole 77, biȝete 105, iborȝe 167, isprunge 175 (sprunge L), ifunde 179 etc. — *flectirt*: þa forsworene 103, icorene 104, iborene : forlorene 106.

schwach: iled 5, igilt 11, ispent, ileid 12, iwuned 57, unboht 59, idemd 106 (idemet L) alesed 136, imeind 144 (meynd J, meind L), ifanded 149, idemed : iquemed 174, ipined 189, — *flectiert*: ofdredde : ledde 93, iclepede 104 (icleped D E e J T), fordemde 272 im Reime mit dem praet. plur. iquemde.

1) *Verbum substantivum*: *Praes. ind. sgl.* 1. *pers.* eom 1, 4 (D J T: am, L: em) — 3. *pers.* is 7. 17, 28, 30 etc., — *mit der negation ne* zu nis 77, 78, 80, 113 etc. — *plur.* beoð 19, 77, 104, 175, 179, 235 etc. — bet F. 77, bið e 77, L 235), sinden 288. *Conj, sg.* beo 4, 29, 32, 114, 122 etc. — [si e 118].
Praeterit. ind. sgl. 1. *pers.* wes 1, — 3. *pers.* wes 189, 203, 210, 252 etc. — nes 294. — *plur.* were 100, weren 102, 105, 171 etc. — *Conj. sg.* were 150, 155 — nere 201. — *plur.* were 331, — nere 320.
Infinitiv. beo: 2, 41, 106, 161, 162 etc. beon 120, 304 etc. — *Part. praet.* ibeo 3, 139 (bon L 139).

2) *habbe.* *Praes. ind. sgl.* 1. *pers.* habbe 3, 5, 7, 8, 9, 11 etc. (habe T 53) — 3. *pers.* haueð 40, 65, 66, 70 etc. — D: heð 355, e: hefð 66, L: hauet 65, naf 134, helð 149, efð 173), — *plur.* habbeð 101, 141, 168, 177 etc. — *Praet. plur.* 1. *pers.* heuede 51. — *Conj. sgl.* heuede 139, *plur.* heuede 322.

3) *cunne.* *Praes. ind. sgl.* 1. *pers.* can (E: kan) 304 — 3. *pers.* can 71, 287. — *Infinitiv*: cunne 334.

4) do 187, 188, don 37. *Praes. ind. sgl.* 3. *pers.* deð 35, 42, 53 etc. (doð in J 53, 56, 82, 88, T 35, 53, 56, 82, 88, 221) — *plur.* doð 21, 58, 60, 61, 79. — *conj. sgl.* do 20, 69, 212, — *plur.* do 306. — *Praet. sgl.* ic dide 2 (DL: dede, E e J T: dude). — *plur.* dide 96, 267, 268, 270, — misdiden 99, 101.

5) *mote.* *Praes. ind. sgl.* mot 33, — *conj. plur.* mote 315, 398.

6) *muȝe.* *Praes. ind. sgl.* 1. *pers.* mei 16, — 2. *pers.* miht 129, — 3. *pers.* mei 35, 40, 50, 69 etc. — *plur.* muȝe 66, 159. — *Praet. ind. sgl.* mihte 18, — *plur.* mihte 240, mihten 254. — *Conj. sgl.* mihte 15, 154, 216, 224. — *plur.* mihte 52, 202. — [he maiȝ T 88, 124, 215].

7) *sculle*. *Praes. ind. sgl. 3. pers.* scal 26, 35, 48, 54 etc. — *plur.* sculle 22, 58, 92, 94, 95, 97 scullen 103 etc. (sculled E 286). — *Praet. sgl.* scolde 37, — *plur.* scolde 47, 49, 51, 60 etc. — (sculden L 58, 267, 268, unforgolden : sculden I. 60, sculde : golde L 266 schulden J 49).
8) *wille*. *Praes. ind. sgl.* wille 39, 55, 157, 225 etc. — *plur.* willeð 34, 97, 99 etc. (in E e I. meist wulle, wulleð). — *Praet. ind. sgl.* wolde 16, 35, nolde 263, 264, — *plur.* wolde 246, 268, — nolde 240, 245. — (walde : unholde L 36, walde L 16, 49, 151, 193, — nalde L 187, 188, 263, 264).
9) *wite*. *Präs. ind. sgl.* wat 79, 89, 111, 112 etc. — *plur.* wite 292 — niten 238 (witeð E e 292, nuten E e L 238). — *Praet. sgl.* wiste 17, — *plur.* wiste 141 — niste 102, nisten 246 (nusten L 102, 246).

Heimat des Gedichtes.

Das Gedicht gehört unstreitig dem Süden Englands an, und zwar dem östlichen Teile desselben. Die aufgestellte Laut- und Formenlehre dürfte dies genügend beweisen.

Was nun die engere Heimat des Gedichtes angeht, so äussert sich darüber ten Brink in seiner Geschichte der engl. Litteratur I p. 191, wie folgt: „Auf jenem zwischen Avon und Stour gelegenen Gebiete, wo die Grenzen dreier Grafschaften Dorset, Wilts und Hampshire zusammenstossen, entstand vielleicht noch unter der Regierung Heinrichs I. die in der Litteraturgeschichte unter dem Titel Poema morale bekannte Dichtung." Offenbar stellt ten Brink diese Behauptung aus v. 250 auf: Ne mei hit quenche salt weter n' Auene strem ne Sture. — Jedesfalls wird ten Brink im Recht sein, wenn er jenen Avon und Stour als die vom Dichter gemeinten Flüsse bezeichnet, die sich bei Christchurch vereinigen, und bald darauf gemeinschaftlich in den Canal münden. Denn an die beiden Flüsschen Avon und Stour, die in nicht zu grosser Entfernung von einander der Severn aufnimmt, wird nicht zu denken sein, da unser Gedicht in so unmittelbarer Nähe des Mittellandes, in Worcestershire, nicht entstanden sein dürfte. Auf der andern Seite möchte ich aber aus inneren Gründen die Heimat des Gedichtes doch auch nicht so weit nach dem Süden verlegen, wie ten Brink es tut. Das Auftreten eines i (neben e), an Stelle des aus u oder o umgelauteten y, sowie die wahrscheinlich noch reine Aussprache des â dürften damit unverträglich sein. Ueberdies meine ich auch, dass kein zwingender Grund vorhanden sei aus der oben angeführten Stelle zu folgern, der Dichter habe in so ganz unmittelbarer Nähe des Zusammenflusses der beiden Ströme gelebt. Vielmehr dürfen wir wol von dem Dichter annehmen, dass ihm auch, wenn er etwa am oberen Laufe des Avon seine Heimat hatte, die Existenz des Stour so lebhaft in der Vorstellung war, dass er die beiden Flüsse zusammen nannte. Es ist vielleicht nicht zu gewagt, das *nördliche Willshire als die Heimat unseres Gedichtes* zu bezeichnen.

Fremdwörter.

Fremdwörter hat unser Denkmal nur verhältnissmässig wenige aufzuweisen. Altnordische Wörter im Reime (cf. Anglia I 37): laðe : baðe 62, wille : ille 74, aʒe : laʒe 164, wrange : lange 170, bene : wene 339. — Romanische Wörter: chte : bikehte 320, ermine : sabeline 364, seruede 321, cuning 363.

Metrisches.

Das Poema morale besteht aus paarweise gereimten Langzeilen von je 7 Hebungen, zwischen denen ein- oder zweisilbige Senkung stehen kann. Nach der 4. Hebung tritt eine Cäsur ein.

Beide Vershälften haben gewöhnlich einen Auftakt, z. B.:

v. 2   Ic wélde máre þanne ic dide ‖ mi wit ah to beo mare.

Der Auftakt fehlt im 1. *Gliede*:

v. 1   Ic com éldre etc., v. 4 þeh ic béo ebenso in vv. 5, 7, 11, 12, 13, 16, 26, 27, 51, 56, 57, 60,

Der Auftakt fehlt im 2. *Gliede*:

v. 13 ‖ nú hit mé mislikeð, — v. 17 ér ic hit wiste, ebenso vv. 30, 36, 61, 70, 79, 86, 92 etc.

Mit schwebender Betonung im 1. *Gliede sind zu lesen*:

vv. 6, 17, 19, 22, 25, 36, 44, 45, 46, 47, 49, 62, 63, 65, 70, 73, 75, 76, 77, 78, 80 etc. etc. — z. B.: 17 Eldè me is bistóle ón.

Mit schwebender Betonung im 2. Gliede:
vv. 8, 9, 15, 20, 26, 28, 49 etc. — z. B. v. 8 ‖ butè me gód do mílce.

Doppelter Auflakt im 1. *Gliede*:
v. 30 sot is þét is óðres mánnes freónd ‖ , ausserdem in vv. 149, 172, 179, 355.

Doppelter Auflakt im 2. *Gliede*:
v. 42 ‖ þe hi sént to heóueneríche; ferner in vv. 128, 141, 360.

Fehlende Senkung ist anzunehmen:
v. 22 ‖ þét hi er seówe, — v. 24 Ne lípnie ná mán to michel — ferner in vv. 48, 53, 54, 55, 70, 73, 103, 155, 194, 207, 209, 219, 230, 233, 245, 250, 259, 266, 273, 275, 277, 281, 283, 293, 295, 305, 309, 321, 325, 339, 341, 345, 348, 353, 358, 368, 387, 389. *Die Senkung fehlt in demselben Verse zweimal*: vv. 61, 255, 258.

v. 255 þe lúuede réuing ánd stále ‖ hórdom ánd drúnke
v. 258 médʒeórne dómes mén ‖ and wrángwise reúe.

Doppelte Senkung haben die vv. 29, 48, 52, 55, 60 (2 mal), 63, 68, 77, 92, 95 (2 mal) 100, 116, 119, 121, 125, 126, 129, 130, 134, 135, 136, 137, 148, 150, 173, 179, 192, 193, 208, 212, 234, 240, 241, 249, 282, 284, 286, 292 (2 mal), 316, 317, 320, 326, 337, 338, 350, 360, 366, 374, 380.

In der doppelten Senkung stehen:
1) 2 *selbständige Wörter*: 48: me us, — 52, 193: we hit, — 121: hit is, — 126, 130: he is, — 129: ne miht, — 240: þe hi, — 241: hi hi, — 249: þet is, — 360: þe he, — 366: þe me (men).

2) *zweisilbige Wörter*: wille 55, lesse 60, sculle 95, bute 135, inne 179.

3) *Auf die Hebung folgt als* 1. *Senkung eine noch demselben Worte angehörige Silbe und als* 2. *Senkung ein einsilbiges Wort.*

a) Die 1. Senkung ist eine auf -e ausgehende Silbe in *Substantiven und Verben*:
forhóle nihid 77, scúlle we 92, 95, dríhte ne 119, pine þe 148, þénche we 192, scúlle beo 212, chéle to 234, nólde þe 240, wére mid 282, scúlle bihélde 286, wite þet 292, cúme to 316, nére we 320, wérie we 337, wépne þe 338, hése to 350, múʒe beon 374.

b) Die 1. Senkung ist eine auf -e ausgehende Silbe in *Adverbien und Präpositionen*:

þánne þe 29, þánne we 60, bifóre þan 63, þánne bidde áre 125, lánge ne 317.

4) *In der ersten Senkung steht eine Silbe, deren Vokal e durch eine Liquide (l und r kommen vor) gedeckt wird*:
þíder we 51, to óðer þis 116, fuel al 121, michel he 134, sustèr and féder and 150, lítel he 137, míchel and 208.

5) *In der* 1. *Senkung steht die Verbalendung* -eð: [dass diese auch allein befähigt ist, eine Senkung auszumachen, beweisen die vv. 236: cúmeð éft to, habbeð misse, 281: líggeð láðliche, 359: hábbeð lésse, 394: hábbeð þá þe 394]. — séndeð sum 27, háueð to 134, fáreð from 234, nábbeð hi 380, háueð idó 173.

6) éni man 68.

Elision.

e vor Vokalen wird elidiert:
þánne ic díde 2, lánge ic habbe 3, sáre ic mé 6, hábbe idó 7, ídelnésse and chílce 7, láte ic hábbe 8, fele ídele 9, déde idó 10, — ferner in vv. 15, 16, 20 etc.

Die Elision des e vor Vokalen unterbleibt bisweilen, besonders häufig vor 'and':
a wintre ánd 1, wintre éld 4, frémede ánd 34, ófte ánd ilóme 47, wille is 82, wettre ánd 82, úre énde 122, húngre ánd 147, héʒe ánd 164, sórʒe ánd 206, wérre ánd 248 etc.

Die Elision des e vor h.

Wenn eine solche überhaupt anzunehmen ist, so tritt sie jedesfalls nur ein, vor dem h der pronomina he, his, hit, him, hi, heom, heore. Doch darf nicht ausser Acht gelassen werden, dass man in allen diesen Fällen auch eben so gut eine zweisilbige Senkung (schwebende Betonung) annehmen könnte:
hwíle hi múʒe 21, hwíle he beo 23, 32, hwíle he mel 27, 35, 40, þánne his aʒe 30, þánne he wólde 35, hwíle he múʒe hi wélde 55, eórðc he oùersihð 75, láte he biddeð 127, láte he léteð 128, þerfóre his sweóre 146, eðléte him wére 150, 155 etc.

Die Elision des e vor dem h der Pronomina unterbleibt bestimmt in folgenden Fällen:
sélfne hé 14, þannè him dó 20, hwíle hé mot 33, ʒeuè hí 56, hábbe hít 100, allè hi 176, þerè hi scúlle 181, deóre hé hi 186, neldè hít 187, 188.

Vor dem h im Anlaute anderer Wörter als der Pronomina, tritt die Elision des e nicht ein.

Also: míhte hábbe 15, þóðre hábbeð 168, féle húndred 210, míhte hábbe 216, deóule hére 271 etc.

Vermeidung des Hiatus.

Als eine solche scheint mir die Erhaltung des auslautenden n in gewissen Wörtern angesehen werden zu müssen. Während nämlich, wie auf p. 27 hewiesen, n im Auslaute ven Substantiven, Adjectiven, Verben und Adverbien im Reime abfällt, scheint mir aus dem Verhalten der Hss. als sicher hervorzugehen, dass dies *n im Versinnern vor Vokalen und einem h mit darauffolgendem Vokal* erhalten geblieben ist. Die Hss. schreiben nämlich: don a ferst 37 alle Hss., aber: do for 187, 88 DeJL. finden eft 52 DEJLT, aber: finde þere 54 DeJT. biclepien and 107 EeJ (DT ändern), aber: habbe kare 45 Ee, habbe godes 53 DeJ, helde wel 55 DJT, þenche þanne 118 EeT, þinche þ. J. bistolen on 17 alle Hss., aber: forhole nihid Ee, forhole nowiht J, (i) sprunge beoð 175 ELT. weren ure 102 alle Hss., scullen horlinges 103 EeLT, aber sculle we 95 EeJLT (f. D), sculle þider 176 EJT, sculle ben 106 EeJT. we misdiden here 99, 101 DEJLT, luueden unriht 93 EeL (f. DT), aber: mihte finde 52 eJLT, come þanne 141 eT, heolde wreche 172 eJ. — an elmesse 28 alle Hss., nan uuel beon unboht 59 alle Hss., aber na man 37, 165, 170 DEJLT, na witnesse 113 DEJT. 287: nan heorte DEeJT (f. L) aber: na tunge DEJ (f. eLT). aʒe werc 108 Ee, owe werc 116 EJ (f. e). drihten helle 185 DLT, aber drihte self 131 EeT, drihte Crist 315 DEeT (f. L). — buten orde, buten ende 85 alle Hss., biforen and (us) 87 alle Hss., aber bifore me 18 DeLT (J ändert), bifore dome 126 ET, bifore þe d. J.

Dem Versmasse zu Liebe habe ich *die Schreibung dieses n unterlassen* in solchen Fällen, in denen durch das n die Elision gehindert und 2silbige Senkung entstehen würde. Z. B. múʒe_ilíche 66, biloke_is in 81, húten élde, aber: búte_unhélðe 375. — Die Hss. schreiben hier regellos bald n, bald lassen sie es fort.

Tritt das Wort mit einem solchen n in die Cäsur, so habe ich das n stets unterdrückt, wie sich dies als Regel für den Reim ergeben hat. Die Hss. verfahren auch hier ganz willkürlich. Es ist aber doch nicht wol denkbar, dass das n über die Cäsur hinweg mit dem vokalischen Anlaut des 1. Wortes der 2. Vershälfte gebunden wurde.

Anklänge an das Poema morale
aus den gleichzeitigen und späteren mittelenglischen Denkmälern.

v. 3. Wel lange ic habbe child ibeo

v. 5. Unnit lif ic habbe iled and ȝet, me þinchð, ic lede.
v. 6. þanne ic me biþenche wel, ful sare ic me adrede

v. 10. And fele ȝeonge dede ido, þe me olþincheð nuðe.

v. 11. Al to lome ic habbe igilt a weorke and a worde
v. 12. Al to michel ic habbe ispent, to litel ileid on horde

v. 35. Þe wel ne deð, þe hwile he mei, ne seal he, þanne he wolde

v. 100. Bute we habbe hit ibet, þe hwile we here were

v. 181. Þere hi sculle wunien a buten ore and ende

v. 3.	To longe ich habbe sot ibeo wel sore ich me adrede. Morris, Miscell. 160/31.
vv. 5. 6.	vnnut lif to longe ich lede hwanne ich me biþenche wel sore ich me adrede hwan ich hier of rekeni schal wel sore me mei drede. Miscell. 192 vv. 3, 4, 44 („A Prayer o our Lady.") Hwenne ich þenche of domes dai ful sore ime adrede. Miscell. 162.
v. 10.	and wel feole sunne ido þe me ofþincheð nuðe. Miscell. 193/31 („A Pr. to our L.") þe sunnes þet ich habbe icun heo reweþ me ful sore wel ofte ich habbe þe fursaken þe wil ich never more Miscell. 196/22.
v. 11.	Ifurn ich habbe isunezet mid wurken and mid muðe. Miscell. 193/19.
v. 12.	muchel ich habbe ispened! to lite ich habbe an horde. Miscell. 192/21 („A Pr. to our L.")
v. 35.	And hit is riht Godes dom, þet hwo ne deð hwon he mei, he ne schal nout hwon he wolde. Ancren Riwle, ed. Norton p. 296 unten. Auh ofte him lieð þe wrench: þet he ne mei hwon he wule, þe nolde hwule þet he muhte. Ancren Riwle p. 338.
v. 100.	And ure sunnes bete þe hwile we beoþ here Miscell. 41/151. And leden ure lyf myd rihte þe hwiles we beoþ here Miscell. 83/244. Wel ouhte we beon aferd if we wyse were and ure sunnes bete þe hwile we beoþ here Miscell. 41/153.
v. 181.	And þer heo sculen wunien euere buten ende. O. E. H. I 186 unten. And schulen libben mid ham ine wune euer wiðuten ende. Ancren Riwle p. 350. Hi schulen beon euer buten ende. Miscell. 55/630.

v. 186. Him self he þolede deð for heom, wel deore he hi bohte

v. 190. Ure bendes he unband and bohte us mid his blode

v. 220. His beð scal beo wallinde pich, his bed berninde glede

v. 226. And a boke hit is iwrite. þere me mei hit rede

v. 233. Þere is waning and wop efter elche strete

v. 247. Þere is pich, þet eure walleð, þere sculle baðien inne.

v. 287. Ne mei nan heorte hit iþenche ne na tunge ne can telle.

v. 288. Hu michele pine, ne hu fele, sinden inne helle

v. 186.	Jhesu mid ti swete blod þu bohtest ful me deore. *Miscell. 196 v. 32.*
v. 190.	þeo þat ȝe aleseþ here of here sunnes bende *Miscell. 55/679.* he us bouchte wið his blod of the feondes swiche and of bitter helle fur and of the fule smiche. *O. E. H. I p. 228, v. 19, 20.*
v. 220.	berninde glede. *O. E. H. I p. 27/5.* mid berninde gleden *Ancren Riwle p. 122.*
v. 226.	It is write in þe bok þer me hit may rede *Miscell. 41/131.*
v. 233.	þer is wop and wonynge *Miscell. 74/55.* ah a þer is waning *O. E. H. I p. 33/14.*
v. 247.	baþien ich schal naked of pich and of bruneston wallinde is imaked *Miscell. 180/209.*
v. 287.	þe untaleliche pinen þet no tunge ne mei tellen. *Ancren Riwle p. 144.*
v. 288.	Ne mihte no tunge tellen þat euer wes iboren þe stronge pine of helle. *Miscell. 172 oben.* And send me into þat blisse þat tunge ne mei tellen. *Miscell. 196/12.* þai schul have wele, without wo, ne tong con tel, ne hert þynke þer-to. *Miscell. 218/281.* þer nis no tunge þat hit mai tel *Furnivall, Early Engl. Poems p. 6/47.* pine þet na mon ne mei tellen *O. E. H. I 53/17.* ne mei non heorte þenchen ne nowiht arechen Ne no muð imeten ne no tunge (tegen) techen *O. E. H. I 193/47.* þat no tunge ne miȝt telle *Early Engl. Poems p. 13/11.*

v. 290. Nis hit, bute game and gleo

v. 329. Hu litle hwile we beoð here, hu lange elles hwere

v. 358. þeh þere beoð wununges fele
v. 362. God ane scal beo eche lif and blisse
v. 382. Ne þere ne sculle hi habbe god alle bi ane wihte

v. 390. Of him to seone nis na sed: swa feir he is to bihelde

v. 395. To þere blisse us bringe god, þe rixleð buten ende

v. 396. þanne he ure saule unbint of lichamliche bende.

v. 397. Crist ӡeue us leden here swilch lif and habben here swilch ende, þat we mote þider cume, þanne we heonne wende.

v. 290.	for þer nis nouþer gome ne gleo	O. E. H. I 258.
	lluued ich habbe gomen and gleo	Miscell. 160/₃₃.
v. 239.	for godes luve beteð ower sunnen þa wile ȝe beoð heren on þisse scorte live and iþenchð hu lutle hwile ȝe beoð here.	O. E. H. I 29/₁₀.
	þe hwile þe hie her weren	O. E. H. I 35/₁₁.
v. 358.	þer beð woninges mani and fale	Early Engl. Poems 6/₈₂.
v. 362.	he giveð alle men eche lif and blisse in hevene.	O. E. H. I 27/₁₂.
v. 381.	Vor efter þet me icnoweð his muchele godnesse and efter þet me iveleþ his swete swotnesse, efter þet me luveþ hine more oðer lesse.	Ancren Riwle 92.
v. 390.	vor heo never ne beoð sead þi veir to iseonne.	O. E. H. I 193/₃₀.
v. 395.	Bringe us to þe blisse þat lesteþ buten ende.	Miscell. 100/₁₉.
	to þe blisse of hevene he us alle bringe	Miscell. 190 unten.
v. 396.	Hwanne ure soule unbynd of lykamlyche bende.	Miscell. 53/₁₃₂.
v. 397.	And lete vs so her libben in þisse wrecche lyve þat we moten to him cume for his wundes fyve.	Miscell. 57/₆₆₆.

TEXT.

Ic com eldre, þanne ic wes, a wintre and a lare:
Ic welde mare, þanne ic dide: mi wit ah to beo mare.
Wel lange ic habbe child ibeo a worde and a dede:
Þeh ic beo a wintre eld, to ȝeong ic com a rede.
5 Unnit lif ic habbe iled and ȝet, me þinchð, ic lede:
Þanne ic me biþenche wel, ful sare ic me adrede.
Mest al, þet ic habbe ido, is idelnesse and chilce:
Wel late ic habbe me biþoht, bute me god do milce.
Fele idele word ic habbe iqueðe, siððen ic speke cuðe,
10 And fele ȝeonge dede ido, þe me ofþincheð nuðe.
Al to lome ic habbe igilt a weorke and a worde:
Al to michel ic habbe ispent, to litel ileid on horde.
Mest al, þet me likede er, nu hit me mislikeð:
Þe michel folȝeð his iwill, hine selfne he biswikeð.
15 Ic mihte habbe bet ido, heuede ic þa iselðe:
Nu ic wolde, ac ic ne mei for elde ne for unhelðe.
Elde me is bistolen on, er ic hit wiste:
Ne mei ic iseo bifore me for smeche ne for miste.
Erȝe we beoð to done god, to iuele al to þriste:
20 Mare eie standeð man of manne, þanne him do of Criste.

---

1. em nu L T || and ec D J. 2. welde] ealdi D || ah to] oȝhte to D, auhte J, ahte L.. 3. To l. T || worde] werke J || and ek a d. E e J. 4. 1. a] of J || 2. a] at E. 6. Hwenne J || ibiþenche me þar on T || wel f. J || ful] wel D, f. E e T. 7. þet f. T || is ideln. and ch.] bifealt to childhade L.. 8. To l. D || god me don m. D, god do me m. J, god me nu rede L. 9. ispeken J T. 10. And f. L. || ȝeonge] euele D || þe] þet D E J. 11, 12 hinter 28, L. 11. agult E e J || and ek E e. 12. ileid] ihud L || an] in L.. 13. Best J || er] þo D. 14. Se þe D, þa L || fulieð L || wil J L. zwischen 14 und 15: Mon let þi fol lust ouergo and eft hit þe likeþ J. 15. þa] þer E, eny J || selhþe J. 16. ac] and J || ne] and L T. 17. er þan J || iwiste D T, awyste E e. 18. mihte E e L || biseo J, seon L || me bifore J || smoke J. 19. to f. J || and to L. 20. manne] man D J T || hom L. || do] doð D, det E, f. J || of] to J.

/

Þe wel ne deð, þe hwile he mei, wel ofte hit him scal reowe,
Þanne hi mawe sculle and repe, þet hi er seowe.
Do elch to gode, þet he muʒe, þe hwile he beo a liue:
Ne lipnie na man to michel to childe ne to wiue.
25 Þe hine selfne forʒet for wiue oðer for childe,
He scal cume on iuele stede, buten him god beo milde.
Sende elch sum god biforen him, þe hwile he mei, to heouene:
For betere is an elmesse bifore, þanne beo efter seouene.
Ne beo þe leouere, þanne þe self, þi mei ne þi maʒe:
30 Sot is, þet is oðres mannes freond betere, þanne his aʒe.
Ne hopie wif to hire were, ne were to his wiue:
Beo for him selue euerich man, þe hwile he beo aliue.
Wis is, þe hine selfne biþenchð, þe hwile he mot libbe:/
For sone willeð hine forʒete þa fremede and þa sibbe.
35 Þe wel ne deð, þe hwile he mei, ne scal he, þanne he wolde:
Manies mannes sare iswinch habbeð ofte unholde.
Ne scolde na man don a ferst ne slawe wel to done:
For mani man bihateð wel, þe hit forʒeteð sone.
Þe man, þe wille siker beo to habbe godes blisse,
40 Do wel him self, þe hwile he mei, þanne haueð he hi mid iwisse.
Þas riche men weneð sikere beo þurh walles and þurh diche:

---

21. Þo þet D ‖ doð J L T ‖ þe] þer D, f. J ‖ hw. þe L ‖ hi muʒe D L |
wel f. D ‖ hit schal him sore reowe J ‖ him] ham D, f. L ‖ sal him T.
22. Hwenne J ‖ bi] alle men J T, ʒe L ‖ m. sc. and r.] repen schule J, sulle
ripen T ‖ þet] þer þe E, þer e ‖ er] her þan D.   23. Don ec E e, Dod J,
Do he L, Do al T ‖ wet E e ‖ he] hi D, ʒe E e J ‖ ech þe hw. T ‖ þer w. D,
þe hwile þet L ‖ he beo] hi bieð D, ʒe buð E e J, he beð T.   24. Nu l. T ‖
leue D, hopie E e.   25. Se þet D, Þe þe T ‖ oðer] ne L.   26. an] in L ‖
god him D J.   27. Sendeð L ‖ elch] f. D T, ec E ‖ him] eow L ‖ man D T ‖
þet wile D, þe hwile þet L ‖ he — h.] ʒe ben aliue E ‖ he m.] ʒe muʒen L,
f. D.   28. For f. e J ‖ beoð J L ‖ vyue E.   29, 30 f. D.   29. þi self E J ‖
ne þi mei L T.   30. For sot E ‖ þet] þe e T ‖ betere] more J.   31. lipnie
J L ‖ no wif J.   32 vych J, ech L ‖ þer w. D, þe hw. þet L ‖ hi bieþ D,
he beoþ J T.   33. Þis J ‖ is f. T ‖ þe to him solue þench L ‖ þet D ‖ selfne
f. D ‖ þo hw. þet D, þa hw. þe E, þe hw. þe L ‖ he f. L.   34. hine willeð
forʒ. D ‖ wule L.   35. Se þet D ‖ ne deð] nule do J ‖ þe vor hw. f. J ‖
2. he f. L ‖ hwenne E e J L.   36. For m. D T ‖ ofte habbeð J ‖ alle vnholde E.
37. scal L ‖ slawe] sleuhþen D, sclakien E, slakien J.   38. þe] þet D J T,
he E ‖ hit] hi T ‖ wel sone D.   39. þe] þet D J ‖ siker wule beon e.
40. Do eure god D ‖ þer hw. D, hwile þet L ‖ he hi] he e, hes T ‖ to
iwisse D.   41. Þo D, Þe T ‖ men f. D ‖ beon sik. E e L, to b. s. J.

He deð his ehte a sikere stede, þe hi sent to heoueneriche.
For þere ne þerf he beon ofdred of fire ne of þeoue:
Þere ne mei hi him binime þe laðe ne þe leoue.
45 Þere ne þerf he habbe kare of zeue ne of zelde:
Þider we sendeð and selue bereð to litel and to selde.
Þider we scolde draze and do wel ofte and ilome:
For þere ne scal me us naht binime mid wrangwise dome.
Þider we scolde zeorne draze, wolde ze me ileue:
50 For þere ne mei hit us binime þe king ne þe scirreue.
Al þet beste, þet we heuede, þider we scolde sende:
For þere we hit mihte finden eft and habbe buten ende.
Þe þe here deð eni god for habbe godes are,
Al he hit scal finde þere and hundredfelde mare.
55 Þe þa ehte wille helde wel, þe hwile he muze hi welde,
Zeue hi for godes luue: þanne deð he hi wel ihelde.
Ure iswinch and ure tilðe is ofte iwuned to swinde,
Ac, þet we doð for godes luue, eft we hit sculle al finde.
Ne scal nan iuel beon unboht ne na god unforzolde:
60 Iuel we doð al to michel, and god, lesse þanne we scolde.

---

42. Ah heo doð heore ayhte in s. st. J || he] se D || ehte f. e || in J | þe] þet D, þat J, he L || hi f. e || sent hi D, sendeþ hit J. 43, 44 hinter 46 D. 43. For f. D || þer ne f. T || he] man D, f. e. 44. mei] þerf L h. h.] him naht D || hi] he L | him f. eJ. 45. he beon ofdred of J || of wiue ne of childe E e | zeue] zefte J, here T. 46. he sent L || and s. b.] suuel and bred E || selue] ec T. 47, 48 f. D. 47. sculen JL || and wel ilome Ee. 48. Ne may þer non hit vs bynymen J || mid wronge ne mid woze E. 49. ze sculen L || zeorne dr.] alle drazhen D, z. dr. and don E, drawen and don J || me] god L. 50. For ne mei þet hit ou bin. L || þer f. T || ne f. D || bin. eow e || ou E L || t. þe] ne D, no T, f. L || king [ne his serreue D, ne se ireue e, ne reue L, ne no scirreue T]. 51. Al f. De || þe J | þat ge we h. E || heuede] hozeð D, habbeð EJT || we h. her T || we hit solde L. 52. we m. hit D || hit f. T || muzen DE || abuten E, o. buten J. 53. He þe e, He þat J, Þo þe L || er L || doð LT || for] to DJ, forto ET. 54. finden eft þer L, eft f. þer T | hit f. J || and] an J. 55. helde] habben L || þe hw.] þe hw. þe D, hw. þe L || he m. hi] hi mot D, he may him J, hes m. T | mei Ee. 56. þanne — ihelde] eft heo hit scullen afinden E. 57. For ure T || swinc JLT || itilþe D || ofte f. J || wuned T || aswinde D. 58. þet] heo þat J, þet þe L, al þat T || we d.] hit zeueþ J, we zieueð T || eft] al T || we f. J || hit f. L || sculle] mowen J | sollen hit D | al] eft T || al f.] afinden Ee, ivynde J. 59. ne sal þar nan T || 2. nan f. T. 60. and f. DJ.

Þa, þe mest doð nu to gode and þe lest to laðe,
Eiðer to litel and to michel scal þinchen eft heom baðe:
Þere me scal ure weorkes weʒe bifore þan heouenekinge
And ʒeue us ure swinches len efter ure erninge.
65 Euerich man mid þet he haueð, mei biggen heoueriche:
Þe, þe mare haueð and þe, þe lesse, baðe muʒe iliche,
Alse he mid his penie, alse oðer mid his punde
(Þet is þa wunderlukeste ware, þet eni man eure funde):
And þe, þe mare ne mei do, mid his gode þanke
70 Alse wel, se þe, þe haueð goldes fele manke.
And ofte god can mare þanc þan, þe him ʒeueð lesse:
Alle his weorkes and his weies is milce and rihtwisnesse.
Litel lac is gode leof, þet cumeð of gode wille,
And eðlete michel ʒeue, þanne þa heorte is ille.
75 Heouene and eorðe he ouersihð, his eʒe beoð swa brihte:
Sunne and mone and heouen fir beoð þeostre aʒein his lihte.
Nis him naht forhole nihid: swa michele beoð his mihte:
Nis hit na swa derne ido ne a swa þeostre nihte.
He wat, hwet þencheð and hwet doð alle quike wihte:
80 Nis na hlauerd, swilch is Crist, ne king, swilch ure drihte.

---

61. Se þet D T, Þe þe E e, Þe þat J || deð D E e || se þet D, þe þe E e, te þe J.   62. heom ef to baþe J, hem sal þ. boþe T.   63. þan f. e J.
64. workes len D.   65. mid þan þe E e || he f. e.   66. Þe riche and þe poure boþe ah nouht alle iliche J || Se þet lesse and se þet more here aider iliche D | Þe L || hi muʒen L || muʒe] mei E e, f. T.   67. Alse he] Al suo on D, He alse E, Þe poure J, Alse e L, Alse on T || alse oðer] swo oþ. D, Þe þe oþer E, se þe oþ. e, þe riche J, se oðer T.   68 Þis is þet w. w. T || ware] ʒare E, chep L || þat eure was ifunde J || eni] ein E || eure f. T.
69, 70 f. J.   69. Se þet D || bute mid E, do hit mid L || iþanke e T.   70. se þe þe] swo se þet D, se þe E e || golde L.   71. ofte f. E || þan — lesse] ʒe þat ʒeueð him l. J || þet lesse D.   72. And his L || weies] ʒeftes J || and alle his weʒes D || mihte D || milce and] in J || ritʒifnesse E.   73. þet] ðe e, þe T || iwille D, iwitte e.   74. And lutet he let on muchel wowe þer þe heorte is ille J | eclete L | þanne] of þan L || his herte T.   75. swa] ful D T || britte E.   76 f. T.   1. and f. E e || and h. f.] and alle sterren D, dei and fur E e, heuene and fur J || aʒein] on D, toʒeanes E e.   77. naht] ec no þing D, noþing T || forhole nowiht J || ne ihud J || nihid f. D T || is T.
78. Nis no so derne dede idon in so þ. n. J || Nis no þing so d. d D, Ne bie hit n. T | na] ne L || ido f. L || a f. L.   79. deht and þenchet E, deð and þenchet e.   80. na f. T || swilch se is E e L || ne] ne no D, na E e || ure] is D.   T schiebt ein: Boðe ʒiemeð þe his bien bi daie and bi nihte.

Heouene and eorðe and al, þet is, biloke is in his hande:
He deð al, þet his wille is, a wettre and a lande.
He makede fisses in þere se and fuʒeles in þere lefte:
He wit and welded alle þing and he scop alle scefte.
85 He is ord a buten orde and ende a buten ende:
He ane is eure on elche stede, wende, þere þu wende.
He is buue us and bineoðe, biforen and bihinde:
Þe, þe godes wille deð, eihwer he mei hine finde.
Elche rune he iherð and he wat alle dede:
90 He þurhsihð elches mannes þanc. Wi! hwet scal us to rede?
We, þet brekeð godes hese and gilteð swa ilome,
Hwet sculle we seggen oðer do et þan michele dome?
Þa, þe luueden unriht and iuel lif ledde,
Hwet sculle hi seggen oðer do, þere engles beoð ofdredde?
95 Hwet sculle we bere bifore us? mid hwan sculle we iqueme,
We, þe neure god ne dide, þan heouenliche deme?
Þere sculle beo deoule swa fele, þet willeð us forwreʒe:
Nabbeð hi naþing forʒete of al, þet hi iseʒe.
Al, þet we misdiden here, hi hit willeð ciðe þere,
100 Bute we habbe hit ibet, þe hwile we here were.
Al hi habbeð on heore write, þet we misdiden here:

---

81. 2. is f. E e || in] on D. 82. willes E, wil L || on sae D || and ec D, and eke J. 83 hinter 84 D. 83. He wrohte fis on þer sae D, He makeþ þe fisses T || and] þe T || in] on D T. 84. 2. and f. D || he f. J L || iscop D || ʒe sceafte e. 85. He wes erest of alle þing and euer byð buten ende J || a buten] al buten D, buten L. 86. He is on J, He is one afre one eche st. T || on elche] enelche e, ewiche J || þer] war E, hwer J. 87. us f. J || bivoren us J || and ec bihinde D. 88. Se man þet D, þe þat J, þe T || deð godes wille L || deð] ðe E || he mai hine aihwar uinde D, eiðer E e, ichwer J, uwer L. 89. Hvych J || hereð T || and f. J || he] f. D L, þe J || eche d. D. 90. vych J, uches L || mannes f. D || wi] wai D, f. E e || hwet] þat E. 91. Þo þe E, Weðe e, þe þat J, We þe T || brokeð L || godes hesne br. D. 92. we] hi E || heaʒe dome D. 93—96 f. D. 93. Þe þat luueþ vnriht and heore lif vuele ledeþ J || þa ða e, We þe T || leden L. 96 vor 94 in J. 94. hi] f. J, we T || þer] þen þe L || beoð ofdr.] heom drede J. J schiebt ein: Crist for his muchele myhte hus helpe þenne and rede. 95. us f. e || us bivoren J || hwan] hom L || we him iquemen E || cweman e, queme J. 96. We þat J, þo þe L || demeþ J. 97. deoflen bi swo vele D || þe E e. 98. And n. L || nowiht J || of þan þet D || al f. T. || hi [ere seʒen E, her iseʒen] T. 99. we misd.] hi iscien T || hi f. E e || hit f. D T. 100. f. L || þer hwile D. 101. in J L || iwrite E e.

Þch we hi niste ne niseʒe, hi weren ure ifere.
Hwet scullen horlinges do, þa swike and þa forsworene?
Wi! swa fele beoð iclepede, swa fewe beoð icorene!
105 Wi! hwi weren hi biʒete, to hwan were hi iborene,
Þet sculle beo to deðe idemd and eure ma forlorene?
Elch man scal hine selfne þere biclepien and ec deme,
His aʒe weorc and his iþanc to witnesse he scal teme.
Ne mei hine na man al swa wel deme ne al swa rihte:
110 For na ne cnaweð hine swa wel, buten ane drihte.
Elch man wat him selue best his weorkes and his wille:
Þe, þe lest wat, he seið ofte mest, þe, þe hit al wat, is stille.
Nis na witnesse alse michel, se mannes aʒen heorte.
Hwa se seið, þet he beo hal, him self wat best his smeorte.
115 Elch man scal him selue deme to deðe oðer to liue:
Þa witnesse of his aʒe weorc to oðer þis hine scal driue.
Al, þet elch man haueð ido, siððen he com to manne,
Swilch he hit iseʒe a boke iwrite, he scal iþenche þanne.
Ac drihte ne demeð nenne man efter his biginninge:
120 Ac al his lif scal beon iteld efter his endinge.

---

102. hi] it E J, het T, f. L ❙ niste] nulten E, f. T. ‖ ne niseʒe f. J ‖
iseʒen D, iseien E. 103. þo horlinges D, ordlinghes L ‖ þo swikele D, þe
swikele E, þe ɟikene e, þes swichen T ‖ and f. E e. 104. Hwi beoð fole
iclepede and swa lut icorene L ‖ Swiþe veole b. J ‖ A wei D ‖ 2. swa] and
swo D, and J ‖ beoð f. D. 105. to hwan] and to hwi D, hwi J ‖ were hi
f. D. 106. Þe þe E e ‖ euer-more J. 107. Huych mon him seolue schal her
bicl. J ‖ selfne f. e ‖ and ec d.] bitelle and deme D, and ech sceal him
demen e, and bidemen L. 108. owene werkes J ‖ þouht J, þonc L T ❙ te
L ‖ hit J ‖ he scal f. D ‖ demen L. 109. no mon deme so wel iwis J ‖ ne
swa D e. 110. ne] ni E e ‖ him f. J ‖ swa wel] ase ʒere L, alse wel T ‖ his
þanc J ‖ one] ane ure D, ure J. 111. Elch] Vych J, f. T ❙ were E, weorch
e ‖ iwille E e. 112. Se þet D, He ðe e, þat J, Se þe T ‖ he f. D E L ‖
biseið L ‖ þe þe hit] and se þet D, and þe þe hit E, and hie þat J, þe hit
L, se þit T ❙ wat eal e. 114. For so seyþ þat vnhol is him seolue hwat
him smeorteþ J ‖ Þeʒh ʒwo sigge D ‖ segge E e ❙ beð T ‖ he wot D ‖ best f.
D T. 115. Eurich man him demen sel D ‖ Vych J. 116. of] is unter-
punctiert D ❙ aʒe f. e ‖ weorches D ‖ to oðer þ. h.] to aider hine D, þerto
him J, hine þerto L ‖ þis] þan T. 117. And al J ❙ elch] eure ile E e, euer
J, afri T. 118. Swilch] Also J, Sculde L, Swo T ‖ he hit] hit D E e ‖
iseʒe] were D, seie E, si e, sechen L ‖ on boc D E, aboc e T ‖ isien he sel
hit þenne D, hit scal him þ. þ. J ‖ hit þenchen E T. 119. Ne schal nomon
beon ydemed J ‖ Ac f. D ‖ no man T ‖ efter] bi D. 120. Ah dom schal

Ꝫef þe ende is iuel, al hit is iuel and god, ʒef god is þe ende.
God ʒeue, þet ure ende beo god, and wite, þet he us lende.
Þe man, þe neure nele do god ne neure god lif lede,
Er deð and dom cume to his dure, he mei him sare adrede,
125 Þet he ne muʒe þanne bidde are, for þet itit ilome.
Forþi he is wis, þe bit and biʒet and bet bifore dome.
Þanne deð is et þere dure, wel late he biddeð are:
Wel late he leteð iuel weorc, þe hit ne mei do na mare.
Sinne let þe and þu naht hi, þanne þu hi ne miht do na mare.
130 Forþi he is sot, þe swa abit to habbe godes are.
Þeh hweðer we hit ileueð wel, for drihte self hit sede:
A hwilche time se eure þe man ofþincheð his misdede,
Oðer raðer oðer later, milce he scal imete:
Ac þe þe here naueð naht ibet, wel michel he haueð to bete.
135 Mani man seið: 'Hwa recheð of pine, þe scal habben ende?
Ne bidde ic not, bute beo ic alesed a domes dei of bende.'

þolyen vych mon after his endinge J ∥ Ac. f. D. ∥ al f. E ∥ lib E ∥ iteld efter]
swilc se beoð E e, swilch beoð L ∥ efter] bi D. 121. Ꝫif þet his uuel al
hit is uuel and God ʒefe god his ende ∥ Ac ʒif E e ∥ endinge T ∥ iuel] god,
god] uuel T ∥ hit is al euel D ❙ and al god E ∥ and — ende] god ʒef us
god ende J ∥ þe ende] ende E, þenne e. 122. God ʒef us vre ende god J ∥
end E ∥ and wite] hwider J, and ʒiue T ∥ wit e ∥ hwet D ∥ lenne e. . 123.
nele] uuel L ∥ nele don god E e L. 124. Þat deð cume to ❙ d. J ❙ Are T ∥
cumeð T ∥ æt e ∥ him f. E e J. 125. þanne ore b. ne m. D ❙ þanne f. J ∥
biden L ∥ þet] hit E e ∥ bilimpeð D. 126. Forþi] þi E e, f. D ∥ he f. J ❙ is
f. T ∥ þet D, þat J ∥ bit and bete D, beot and beat e, bit ore J, biet and
bit L ∥ bet] bit e ∥ þe dome J. 127. Wenne J L ∥ þe deað T ∥ æt his d. e ∥
to late D. 128. To late vorlet þet euele w. D ∥ latheð L ∥ þat vuel J ❙ þe
ne mai hit L ∥ þe hit] þet hit D, þenne he J, þenne he hit T. 129. 130
f. L, in e oben ausgelassen, dann unten nachgetragen und zum Teil wieder
ausradiert. Zu erkennen ist, was nicht in Klammern steht: (Sunn) e l(et)
þ(e) (and) þ(u naht) hi þanne þ(u)s ne miht d(o na) (ma)re forþi h(e is s) o(t)
þe swa abit to habbe go(de)s (a)re ∥ Bilef sunne hwil þu myht and do bi
godes lore And do to gode hwat þu myht if þu wilt habben ore J. 129.
nah D T ∥ þu ne miht hi do more D. 130. He sot þet D. 131. Þet achten
we to leuen wel L ∥ For we J ∥ Swa ileuen we hit muʒen D ∥ leueð T ∥ for]
and J ∥ ure drihten L. 132. Elche time sal þe man ofþunche his misdade
T ∥ eure f. D ❙ þe f. L. 133. l. oðer r. E e. 134. se þet D, he þat J, we
þet L ∥ here] þer L, f. E e J ∥ nout naueð E J ∥ naueð hier naht D ∥ noht f.
T. ∥ wel f. D J T ∥ he h. to] he scal E e. 135. reche L T ∥ of f. T ∥ þet D,
þat J. 136. bidde] recche D ∥ ic f. e ∥ not bute] na bet E e L, no bet bute
J, not bet T ∥ ic f. E e L ∥ ich beo J.

Litel wat he, hwet is pine, and litel he hit icnaweð,
Hwilch hete is, þere þa saule wuneð, hu biter wind þere blaweð.
Heuede he ibeo þere enne dei oðer twa bare tide,
140 Nolde he for al middenerd þa þridde þere abide.
Þet habbeð iseid, þe come þanne, þa hit wiste mid iwisse:
Wa wurðe! sorȝe seoueȝer for scouenihte blisse.
And ure blisse, þe ende haueð, for endelese pine —
Betere is wari weter-drunk, þanne atter imeind mid wine.
145 Swines brede is swiðe swete, swa is of wilde deore:
Ac al to deore he hi abiȝð, þe ȝefð þerfore his sweore.
Ful wambe mei lihtliche speke of hungre and of feste:
Swa mei of pine, þe naht nat pine, þe scal a ileste.
Heuede he hi ifanded summe stunde, he wolde al seggen oðer.
150 Eðlete him were wif and child, suster and feder and broðer.
Al he wolde oðerluker do and oðerluker þenche,
Þanne he biþohte on helle fir, þe nawiht ne mei quenche.
Eure he wolde here in wa and inne wene wunie,

137. he wot D L ∥ pine is D ∥ he hit] hi D, he e T ∥ scaweð T. cnoweð T.
138. Hwile e, Hwice L ∥ hete] hit T ∥ þa f. E e T. 139. Ef he hedde þer ibie
on oþer two itide D ∥ bon f., iwuned J ∥ dei f. T. ∥ oþer vnneþe one tide J.
140. for al the Middelerd J ∥ þa þr.] an oþer J. J schiebt ein: Swiþe grim-
lych stench þer is and wurþ wyþ-vten ende And hwo þe enes cumeþ þer vt
may he neuer þenne wende. 141. seden D, seyden J ∥ þo þet D, þat E,
þeo þat J, þ L ∥ weren þer J ∥ þannes D, þonen L ∥ þet hit D, þit E e T,
heo hit J. 142. þer wurh sorȝe D, Uuel is pine E e, þer þurh sorewe J ∥
wurð L ∥ of seoue ȝ. J. 143. And for þe bl. J. ∥ And] In L, f. D ∥ þe þe
L, þat D J ∥ for endel. p.] endeles is þe p. J. 144. Betere were drinke w.
w. D ∥ wories wateres J ∥ drunk] to drinke E, idrunke e, f. T ∥ imenge E.
145. swiðe] wel T, f. J ∥ of þe w. d. J. 146. Ac f. J D L ∥ he hi ab.] he
hi biȝð D e, he ibuȝed E, he is ab. L, he hit ab. T ∥ þet D, þat J. 147.
Lihtliche mei f. w. sp. D ∥ and festen e ∥ feste] þurste D. 148. þe naht
nat] þet not D J T, þe ne cnauð L ∥ pine — ileste] wat is pine D, hwat it
is J [þat euer mo schal lesten] D J, hu hi scullen ilesten E, hu pine scal
alesten e, þe scal a ilesten L, hwat is pine þe sal ilasten T. 149. Hefð L ∥
he hi if.] he uonded D, he if. E J L, fonded T ∥ stunde] hwile E ∥ al f. T ∥
seggen al oþer D J. 150. And lete for crist beo wif and ch. J ∥ Etlete L ∥
were wit child s. feder L ∥ suster and fed.] s. f. moder D, f. s. J. 151, 152
f. e. · 151. wolde and oðerl. d. L ∥ oðer don D J. 152. Hwenne J, Wenne
L ∥ þohte L ∥ on] of D ∥ þe] þat D J T ∥ noþing D J. 153. Eure he wolde
in bonen beon and in godnesse wunye J ∥ Eft D ∥ on D ∥ inne wa her E e,
inne wawe L ∥ on D ∥ wene] wope D, pine E, wawe e.

Wið þet he mihte helle fir bifleon and biscunie.
155 Eðlete him were al weoruld wele and eordliche blisse:
For to þere michele blisse cume, þet is mirhðe mid iwisse.
Ic wille nu cume eft to þan dome, þe ic eow er of sede:
A þan deie and et þan dome us helpe Crist and rede!
Þere we muʒe beon eðe offerd and herde us adrede:
160 Þere elch scal seon him bifore his word and ec his dede.
Al scal þere beo þanne cuð, þet men luʒe here and stele:
Al scal þere beo þanne unwrie, þet men wruʒe here and hele.
We scullen alre manne lif icnawe alse ure aʒe:
Þere scullen eueninges beo þa heʒe and þa laʒe.
165 Ne scal þeh na man scamie þere, ne þerf he him adrede,
ʒef him here ofpinchð his gilt and bet his misdede.
For heom ne scameð ne ne grameð, þe sculle beon iborʒe:
Ac þoðre habbeð scame and grame and oðre sele sorʒe.
Þe dom scal sone beon ido, ne lest he nawiht lange:
170 Ne scal him na man mene þere of strengðe ne of wrange.
Þa scullen habben herdne dom, þe here weren herde,
Þa, þe iuele heolde wrecche men and iuele laʒe arerde.
Elch efter þet he haueð ido, scal þere þanne beon idemed:

---

154. þet he] þon þe E e, þet þe L, þon he T ‖ moste D ‖ fir] pine
E e L ‖ bifl. and bisc.] euer fleon and schonye J. 155. And lete sker al þes
w. w. J ‖ weoruld f. T ‖ and eal E e ‖ þes woruldes J, werldliche D ‖ blisse
f. E. 156. Wiþ þat he myhte to heouene cumen and beo þer myd iw. J
blisse] merhðe D, murcð E, murcðe e ‖ þat is heuenriche E ‖ þet is] ðis e,
is L, þis T. 157. Ich wile eu seggen of þe dome as ich eu er seyde J
eft f. D ‖ þe] þet DEL, f. T. ‖ er ow L ‖ er f. e ‖ ʒeu of er D. 158. et]
on DJT. 159. þere f. D ‖ maʒen E e ‖ eðe] sore T, f. J ‖ of herd D, of-
drad E, ofdredde e ‖ herde] sore J ‖ vs mai ondrede D ‖ ofdrede J, ofdrade
T. 160. elch] vych J, he L. ‖ al seon L, al isien T ‖ iseo E ‖ him biuoren
sien D ‖ biforen him E ‖ word] werkes D. 161. þanne bl þer D, beon
þer þonne e J ‖ þere f. E ‖ cud E L, ikud J ‖ þet] þer L ‖ þat er men
J ‖ hier luʒen D ‖ halen T. 162. þer beo þ.] þanne ben D, ben þer E e,
beon þer þ. J ‖ vnwroʒe D, unwriʒen e ‖ her hidden DT, her wrien J ‖ and
stalen T. 163. icnawe þer also E ‖ also] swo D. 164. beon euenynges J ‖
heʒe] riche JL ‖ þa] to þe T ‖ and laʒen e, and ek þe laʒen J, and to þe l. T.
165—168 f. J. 165. þeh f. L ‖ na man] nan e ‖ smakie L ‖ ondrede D.
167. For f. D ‖ ne ne] ne e. 168. Ac f. D ‖ þe oþre E e ‖ and oþ f. s.] þat
sculle ben forlorene E ‖ fele oðre D ‖ oðre] oft L. 169. scal] þal T ‖ ben
sone DJT ‖ ni e ‖ hit T. 170. non him bimene D ‖ nanme e. 171. þeo J,
þe L. ‖ þe] þet D, þat J, þa L ‖ here] er J. 172. þet D, þe e, þeo þat J ‖
rerde E, redde L. 173, 174 f. J. 173. Ac E, End e, Ec L ‖ þet] þan

Bliðe mei he þanne beo, þe god haueð wel iquemed.
175　Alle þa, þe isprunge beoð of Adam and of Eue,
Alle hi sculle þider cume, for soðe we hit ileue.
Þa, þe habbeð wel ido efter heore mihte,
To heouenriche hi sculle fare forð mid ure drihte.
Þa, þe habbeð deoules weorc ido and þere inne beoð ifunde,
180　Hi sculle fare forð mid him in to helle grunde.
Þere hi sculle wunien a buten ore and ende:
Ne brecð neure eft Crist helle dure for lesen hi of bende.
Nis na sellich, þeh heom beo wa and heom beo uneðe,
Ne scal neure eft Crist þolie deð for lesen hi of deðe.
185　Enes drihten helle brec, his freond he ut brohte:
Him self he þolede deð for heom, wel deore he hi bohte.
Nolde hit maʒe do for meie, ne suster for broðer,
Nolde hit sune do for feder, ne na man for oðer.
Ure alre hlauerd for his þrelles ipined wes a rode:
190　Ure bendes he unband and bohte us mid his blode.
We ʒeueð uneðe for his luue a sticche of ure brede:
Ne þenche we naht, þet he scal deme þa quike and þa dede.
Michele luue he us cidde, wolde we hit understande.
Þet ure eldre misdide, we habbeð iuele on hande.

þe E ‖ he scal E ❙ þanne f. E e ‖ þere f. D ‖ þar ben þanne T ‖ beo f. L.
174. f. L. Blþe D ‖ þe] þet D ‖ gode D ‖ wel f. DE.　175. Þo þet D, þo
þat E, þeo þat J ‖ asprungen D, sprungen LT ‖ beoþ icumen J ‖ Adame D ‖
Euen D.　176. cumen þider L ‖ for — ileue] to soðe ʒe muʒen ileuen D,
and so we owen hit ileue J ‖ ileueð ELT.　177. Þo þet D, þeo þat J.
178. hi f. e ‖ fare f. E.　179. Þo þet D, þeo þat J ‖ habbeð d. w. id.]
wrohten dofles work D, nabbeð god idon Ee, deueles werkes habbeþ
id. T ‖ deoules] feondes J ‖ and weren þerinne iuonde D ‖ bo L.　180.
Hi scullen fallen swiþe raþe Ee ‖ þo sc. D ‖ mid hem T.　181. Þær inne
E ‖ wunie sculen e ‖ a] ai D, f. E ‖ buten ore f. e ‖ are L ‖ and buten
ende e.　182. Ne f. T ‖ nouht Crist eft J ‖ neure eft] neuer euft E, ne ure
L ‖ drihten L ‖ to alesen D, to lesen E J.　183. Is hit wonder D ‖ and] ne
þayh D, and þeih T ‖ and — un.] he mawe wunye eþe J.　184. Ne f. e,
Nele E, Ne þoleð D, Nul J ‖ neureit E ❙ eft f. e ‖ drihten D ‖ to lesen DJ.
185. and his frend hut br. D.　186. he f. D ‖ heom] us J, him L ‖ hi] us
E e J.　187. maʒe] noman J, mei L ‖ mei] me J ‖ 2. for f. T.　188. hit f. T.
189. alre f. DE ‖ his] vs J ‖ þrelles wiales D ‖ ipines D ‖ ip. he was T ‖ on
þo rode D.　190. unbon L ‖ and] he D.　191. And we J ❙ for his luue
f. J.　192. We ne þencheð naht J ‖ þar þat T ‖ he f. T ‖ þa — þa f. D e ‖
and ek þe d. J.　193. he kedde us D ‖ hit] þet e.　194. harde we hab-

195 Deð com in þis middenerd þurh þes deoules ande,
And sinne and sorʒe and iswinch awetere and a lande.
Ures forme feder gilt we abiʒeð alle,
Al his ofspring efter him in herme is bifalle.
Þirst and hunger, chele and hete, eche and al unhelðe
200. Þurh deð com in þis middenerd and oðer uniselðe.
Nere na man elles ded ne seoc ne nan unsele,
Ac mihte libben eure ma a blisse and on hele.
Litel hit þincheð mani man, ac michel wes þa sinne,
For hwan alle þolieð deð, þe come of heore cinne.
205 Heore sinne and ec ure aʒe sare us mei ofþinche:
For sinne we libbeð alle here in sorʒe and in swinche.
Siððe god nam swa michele wreche for are misdede,
We, þe swa michel and ofte misdoð, we muʒe us eðe adrede.
Adam and his ofspring for are bare sinne
210 Wes fele hundred wintre on helle, in pine and on unwinne.
Þa, þe ledeð heore lif mid unrihte and mid wrange,
Buten hit godes milce do, hi sculle beo þere wel lange.
Godes wisdom is wel michel and al swa is his mihte:
And nis his milce nawiht lesse, ac bi þan ilche wihte.

---

beþ D || iuele] uuel e, euel T, harde J. 195. in] on D e || middelard D, middeleard e || þes] þe ealde Ee, ealde T, þe J || honde L. 196. sinne] sake L || and muchel swynk J || swinc L || on se D || and ec a londe E, and londe T. 198. f. L. And his D || efer D || in] on D | harem T || ifalle J. 199. Huger and þurst hete and chele D || eche] ecðe D, helde L, f. T | al] f. J L, alle T. 200. Þurh him deð com L || deð] him J || in] on D | midelard D, myddelerd J. 201. na f. e || dieð E || nan f. D T || unvele D, unhele J. 202. myd bl. and myd wele J. 73, 74 wiederholt T. 203. hit þ.] iþenchð Ee || manie men D || ac] al D, hu Ee. 204. hwan] hwi D, þan E | þolieð alle D E || þet D, þat J || heore] þo D, þe e. 205. Vre sunne and vre sor J || ec f. e || aʒe f. D | vs mai sore J, us muʒe sore T. 206. For senne we alle hier in s. bieþ D || For in s. E, In s. J, Þurh s. L | libeð T || here f. E J L || asorʒen and asw. e, and sorewe and in sw. J. 207. Seðe god swo m. wr. dede vor one m. D || Hwenne J. 208. We þet gelteþ ofte and muchel hwat sal us to rede D || Þe þat E, We þat J || swa michel and ofte] swa m. and so ofte E L, ofte J, swo ofte T || we f. Ee || sore E J || eðe us L. 209. his ofspring al D, als his ofspr. T || bare] þare L. 210. Weren D J || ʒer D || on helle f. J || in p.] pine e L, a p. T, f. D || and unwenne T. 211. And þ. þ. Ee J | ledden L | þere lif E || 2. mid f. e. 212. do] beo J || hi f. Ee || he beoð J || wunien T || wel f. T. 213. wisd.] milce D | wel] swo D. 214. Nis him noþing litlende ac bi emliche wihte D || And] f. J, Ac T || naut L || al by

215 Mare he ane mei forʒeue, þanne al folc gilte cunne:
Self deouel mihte habbe milce, ʒef he hi bigunne.
Þe, þe godes milce sechð, iwis he mei hi finde:
Ac helle king is areles wið þan, þe he mei binde.
Þe, þe deð his wille mest, he haueð wirst mede:
220 His beð scal beo wallinde pich, his bed berninde glede.
Wirse he deð his gode wine, þanne his fulle feonde:
God scilde alle godes freond a wið swilche freonde!
Neure on helle ic ne com ne cume ic þere ne recche,
Þeh ic elche weoruld wele þere inne mihte fecche.
225 Þeh ic wille seggen eow, þet wise men us sede,
And a boke hit is iwrite, þere me mei hit rede.
Ic hit wille segge þan, þe hit heom self niste,
And wernien hi wið heore unfreme, ʒef hi me willeð hliste.
Understandeð nu to me, edi men and erme:
230 Ic wille telle of helle pine and wernien eow wið herme.
On helle is hunger and þirst, iuele twa ifere:
Þas pine þolieð þa, þe were meteniðinges here.
Þere is waning and wop efter elche strete:

---

one w. J || þan] ðes Ee, ðer T || iwichte L. 215. He one mai more D ||
agulte J. 216. Self f. e || Se deuel self D, Deofel sulf E, þeyh seolf d. J ·|
bigunne] bidden gunne E. 217. Hwo so D, þe þat J || he iwis L || iwis he
hi mei D, iwis he hit mei T. 218. areles] swiðe heard D || þo þet D, þon
þat J. 219. Se þet eure deð D || þe þat J, Se T || he, wirst (m) ede f. e
durch Verletzung der Hs. || he sal him werse mede D || haueð] schal habbe
JT || wrst J, werest T. 220. behþ D || pich f. L || his bað scab bon b. gl.
L. 211, 222 f. J. 221. Wers D, Wurs E, Wurst T | wine] freond L
fulle] loðe D, f. T. 222. Isilde us eure drihte Crist D | a f. DT || swo
loðe D, swo euele T. 223, 224 = v. 143, 144 in J. 223. ich on (in)
helle ne com DJ || cam T || ne þer to cume ne r. J, ne þer ne come r. L|i
224. elche] alle D, al þes J || inne]me (ine?) L, f. JT || mihte] wende D, wende to J.
225. Ich w. þeð s. ʒeu D, Also ich hit telle J, þet his wulle seggen ou L,
eow f. J || þet] as J || ut E. 226. on here boke J || a f. T || hi hit write e ||
is] stant D, f. L || iwrit. is J || writen L || þer] þat J || me f. L | and alle we
muʒen hit rede J, me hit mei T. 227. Ich it segge for heom þat er þis
hit nusten J | wille seggen hit T || þan] heom E || þe hemsulf hit n. E e.
228. And f. L || heore f. J || unwines D, harme EJ || wulle e. 229. to me-
ward T. 230. Ich wille of helle pine warni ʒeu and fram harme D, Ich w.
ou telle J || tellen eow of T || eow f. J || wið] of J. 231. Þar is J || In DL ||
is f. T || twa uuele L || twa] tweye J. 232. pine f. L || þolieþ þer J || þo
þet D, þat J, þa L || maket niþinges L. 233. wan.] soriness D || wop] wow
L || vlche J, ache T || strecche L.

Hi fareð from hete to þan chele, from chele to þere hete.
235 Þanne hi beoð in þere hete, þe chele heom þincheð blisse:
Þanne hi cumeð eft to chele, of hete hi habbeð misse.
Eiðer heom deð wa inoh, nabbeð hi nane lisse:
Niten hi, hweðer heom deð wirs, mid neure nane iwisse.
Hi walkeð eure and secheð reste, ac hi ne muȝe imete:
240 Forþi þe hi nolde, þe hwile hi mihte, heore sinne bete.
Hi secheð reste, þere na nis, forþi ne muȝe hi hi finde,
Ac walkeð weri up and dun, se weter deð mid winde.
Þis beoð þa, þe weren here a þanke unstedefeste,
And þa, þe gode biheten aht and nolden hit ileste;
245 Þa, þe god weore bigunne and fulendie hit nolde,
Nu weren here and nuðe þere and nisten, hwet hi wolde.
Þere is pich, þet eure walleð, þere sculle baðien inne
Þa, þe ledden heore lif in werre and in inwinne.
Þere is fir, þet is hundredfelde hatere, þanne beo ure:
250 Ne mei hit quenche salt weter, n' Auene strem ne Sture.
Þis is þet fir, þet eure bernð, ne mei hit nawiht quenche:

234. hete to hete L || to þan] into D, to eJ, f. T || and hech to frure þe wreche L || and fram D || þere] f. DeT. 235. Hwenne heo cumeð in hete J || in þ. h. b. D || þe chelecheð bl. e || þe f. T || heom f. Ee || lysse J. 236. to þe chele L || hi to ch. comeð D. 237. Hi hem deð L || doð hem T || dieð e || hi f. T || blisce D, blisse L. 238. Niteð hi hwer hi wonieð mest D, Heo nuten J || hi f. eT || heom f. E || wurst E, wurse J || to T⸴ neure f. e. 239. reste secheð D || hi] heo hit J || hie hes T. 240. Vor hi D, For heo J '| þe] f. E, ði e || hi f. e || þe hw.] þo D, hwile J, þe hw. þet L || ibeten DJ. 241. nis nan L || forþi] for D, ac þi E, þi e, ac T || hi ne m. D, hi hies ne m. T || hi hi] f. E, hi eJ || ifinde DET. 242. weri] þar boþe J || se] alse E. 243. Þet DT, þo L || beoð] seden D || þo þet D, þe þat J || a þ. unst.] mid hwom me heold feste J. 244. And f. T || þa þe] þo þet D, þo E, to e, þeo þat J || biheten gode D || ahte] f. D, wel J, heste L, aihte T || and hit him ilaste T. 245. Þo þet agunne godes were and hit fulendi nolde D || And þeo þat J || And þo þet T. 246. Þe w. E || were] wite L || and n. þere] nv were þer J || nuðe] nu DT || and] heo J || niste] deden D || þet D. 247. þar is bernunde pich hore saule to baþien inne L || Þet ich pich J || þet] ðe e || þere] þet D, þat J || þere — inne] þat heo schulle habbe þere J || wunien T. 248. Þo þet D, þeo þat J || ladeþ JT || uuel lif Ee || vnwreste and eke false were J || werre] feoh E, feoht e, wele D || in] an T || iwinne] senne D, iginne Ee, winne L, unwinne T. 249, 250 hinter 252 E. 249. þet is] þe is e, and J, þis T || beo] is D, i. e. 250. hit f. L || salt weter] no water D, no salt water J || ne uersc of þe burne I. || ne auene JT | n' f. D | Hauene D. 251. Þer is DE, þat is J || 1. þet f. DE || hit f. T || nawiht hit L || noþing D, nomon J.

Þere inne beoð þe wes to leof wrecche men to swenche,
Þa, þe were swikele men and ful of iuele wrenche,
Þa, þe milhten iuel do and leof hit wes to þenche;
255 Þe luuede reuing and stale, hordom and drunke,
And a þes deoules weorke bliðeliche swunke;
Þa, þe were swa lese, þet me hi ne mihte ileue,
Medʒeorne domesmen and wrangwise reue;
Þe oðres mannes wif wes leof, his aʒen eðlete,
260 And þa, þe sineʒede michel a drunke and on ete;
Þe wrecche man binam his ehte and leide his on horde,
Þe litel let of godes bode and of godes worde;
And þe his aʒe nolde ʒeue, þere he iseh þa neode,
Ne nolde ihere godes sande, þere he set et his beode;
265 Þa, þe wes oðres mannes þing leoure, þanne hit scolde,
And weren al to gredi of scolure and of golde;
And þa, þe untreownesse dide þan, þe hi scolde beon holde,
And lete, þet hi scolde do, and dide, þet hi wolde;
Þa, þe were ʒitseres of þisse weorulde ehte

---

252. Herinne E e ‖ sendeþ D ‖ þe] þo þet D, þeo þa J, þa þe L ‖ her wes leof J, loueden D ‖ wrecche] poure J. 253. And þo þet D, þeo þat J ‖ were f. T ‖ fulle E. 254. And þo þe (þet) D J T ‖ ne mihten E e ‖ vuele J, unriht D ‖ and] þe þe L ‖ was hit leof J ‖ was it E ‖ hit f. e ‖ hit hem wes D. 255. Þo þet louede hordom and stale and reauinge and dr. D ‖ Þo þe E, Þeo þat J ‖ reuing] tening L ‖ and hord. J ‖ druken T. 256. And þe on E, And a on e ‖ þes f. J L T ‖ þos loðes d. D ‖ to bleðeliche D. 257. Þo þet D, Þeo þat J ‖ swa f. D ‖ lele L ‖ lese men D T ‖ þet — ileue] ne mihte me hem ileuen D ‖ leuen T. 258. And medeʒierned d. D ‖ ireuen D, ireue e. 259. Þo þet oþres wif haueden lief D, Þe þat wes leof oðr. m. w. J ‖ Þet e L, Þo þe T ‖ wes f. L ‖ his] and here D, and his J, her T ‖ awene E ‖ leten J. 260. And f. e L ‖ þo þet D, þe þat J ‖ swiþe seneʒeden D, suneʒeð ofte J ‖ ete] hete D, mete J. 261. Þeo þat J ‖ wrecchen E ‖ man f. E e ▌ binemen E, binymeþ J, binomen T ‖ his god D, hure ehte E T ‖ and hit leyþ J ‖ his] hit D J, hes e, hure E. 262. And lutel J, Þet l. L ‖ leten E T ‖ of] on J ▌ bibode e, borde L ‖ of f. L ‖ godes] his swete D. 263. And of his oʒen E, Þeo þat almes nolde ʒ. J ‖ se þet D, te e, þo þe L ‖ iseh] sei E. J schiebt ein: Ne his poure kunesmen at him ne myhte nouht spede. 264. Þe þat nolde J ‖ sande] men T ▌ þere-beode] þenne he hit herde bode L ‖ þere] þan T ‖ he] þe E ‖ set et] sette E e ‖ borde J. 265—268 f. D. 265. And wes J, Þe þet is L ‖ weren E ‖ hit] ic E, beon J. 266. al f. L. 267. And luueden vntrewn. þat heo sh. bon h. J ‖ And f. T ‖ þan þe] ʒam E ‖ ahte beon E e. 268. al þat T ‖ wolde] ne scholden J. J schiebt ein: Heo schulleþ wunyen in helle þe ueondes onwolde. 269. And þo þet D, Þe þat J ‖ were

270 And dide al, þet þe laðe gast heom tihte to and tehte;
And alle þa, þe eni wise deoule here iquemde,
Þa beoð nu mid him in helle fordon and fordemde,
Bute þa, þe ofpuhte sare heore misdede,
And gunne heore giltes bete and betere lif lede.
275 Þere beoð neddren and snake, eueten and frude:
Þa tereð and freteð þe iuele speke, þa niðfulle and þa prude.
Neure sunne þere ne scinð ne mone ne steorre:
Þere is michel godes hete and michel godes eorre.
Eure þere is iuel smech, þeosternesse and eie:
280 Nis þere neure oðer liht, þanne þe swerte leie.
Þere liggeð laðliche feond in strange raketeʒe:
Þet beoð þa, þe were mid gode on heouene swiðe heʒe.
Þere beoð ateliche feond and eisliche wihte:
Þas sculle þa wrecche saule iseo, þe sineʒede þurh sihte.
285 Þere is þe laðe Sathanas and Belzebub þe elde:
Eðe hi muʒe beon ofdred, þe hine sculle bihelde.
Ne mei nan heorte hit iþenche ne na tunge ne can telle,
Hu michele pine ne hu fele sinden inne helle.
Of þa pine, þe þere beoð, nelle ic eow naht leoʒe:
290 Nis hit, bute game and gleo al, þet man mei here dreoʒe.

f. e || ʒysceres weren E || ʒits. of] witteres of e, gaderares of J, eure abuten L.
270. al f. e J || heom f. L || tichede D, tycede J, hechte L. || to f. E e || and ec
E, and to e || taðte D. 271. þo þet D, þa þen E e L || eni w.] mid dusye
wise J, anigewise L. || þo diefle D || here] er D, f. L T || iquemeþ J. 272. þo
sullen ben voð mid him vordon and vord. D || m. f. T ¶ in helle wiþ him J ||
hem T || on E e || fordemet L. — L bricht hier ab. 273. þo þet D, þeo þat J |
vorþuhte ham D, ofþufte e, ofþincheð J || sare f. D ¶ sore her E, her sore J ||
here sennen and here misdeden D. 274. And heore gultes gunnen leten J ||
sennes D || to lede J. 275. eueþen J ¶ and ec fruden D. 276. þer J || þo
þet euel spekeþ D || þe] þat J || speke] swiken T || ondfulle D, nihtfulle E ||
prute E e. 277. ne no sterre D. 278. herre D, ʒeorre E, oerre T. 279.
muchel smech J || eie] eʒie D. 280. þanne] bute J || þe f. D || swerte] þiester
D. 281. lyþ J || þe loðliche ueond J || attliche D, ateliche T. 282. þat is
þe þat wes J || on heouene] engles D T || wel h. E e. 283. þat T || eisliche]
eiliche D, grysliche J, eiseliche T. 284. þas] þo D T, þer J || arme s. D ||
saule f. E e ¶ ifon e || þet D J || gelten D, suneʒe E || bi J || isihðe D. 285.
belsebuc E, belzebud e, beelzebub J. 286. sore ofdr. T || otherd D, ofdrard
E, adred J || þet D || sullen hine D, sullen hes T || hine] heom J. 287. þenche
E J T ¶ na f. e T || ne can] hit ne mai T, f. J D. 288. muche J || ne] and D E,
f. J || fele] ueole ueondes J || beoþ D J || in þeostre helle J. 289. Wiþ D e |
For al þe pine þat her is J. 290. al] of T.

5*

And ʒet ne deð heom naht swa wa in þa laðe bende,
Bute, þet hi wite, þet heore pine ne scal neure habben ende.
Þere beoð þa heðene men, þe were laʒelese,
Þe nes naht of godes bode ne of godes hese.
295 Iuele cristenemen hi beoð heore ifere,
Þa, þe heore cristendom iuele heolden here.
Ʒet hi beoð a wirse stede aniðe helle grunde:
Ne sculle hi neure cumen ut for marke ne for punde.
Ne mei heom noðer helpe þere ibede ne elmesse:
300 For naht hi scolde bidde þere are ne forʒeuenesse.
Scilde him elch man, þe hwile he mei, wið þas helle pine
And wernie elch his freond þere wið, swa ic habbe mine.
Þa, þe scilden heom ne cunne, ic heom wille teche:
Ic can beon eiðer, ʒef ic scal, lichame and saule leche.
305 Lete we, þet god forbed alle mancinne,
And do we, þet he us het, and scilde we us wið sinne.
Luuie we god mid ure heorte and mid al ure mihte
And ure emcriste alse us self, swa us lerde drihte.
Al, þet me ret and singð bifore godes borde,
310 Al hit hangeð and bihelt bi þisse twam worde.
Alle godes laʒe he filð, þa newe and þa elde,
Þe, þe þas twa luue haueð and wel hi wille helde.
Ac hi beoð wunder-crueð-helde: swa ofte we gilteð alle;

---

291. And ʒet f. D ‖ Ac ʒet E ‖ noþing D J ‖ alse T ‖ on D. 292. Bute] Swo D T, Ase J, f. e ‖ hi f. J ‖ niten D ‖ þet f. J ‖ ne f. e T ‖ neure f. D J, non ende J. 293. þe] þet D, þat J. 294. Þer naht D, Þe heom nes E, þet nes J ‖ bibode e, forbode J ‖ hesne D. 295. U. cr. beoþ þer heorure nere J. 296. Þo þet D, þeo þat J. 297. And ʒit D T ‖ wrse J ‖ in niðerhelle D ‖ aniðe] on þere E e, aniðer T. 298. hi f. T ‖ up E J ‖ marke] peni T. 299. heom f. J ‖ helpe þer nouþer J ‖ ibede] bene D, beode J. 300. For — þere] For nis noþer inne helle E e J ‖ hi f. T ‖ ʒeuenesse D J. 301. Nu shilde J ‖ elch] vych J ‖ man f. D ‖ þe f. J ‖ muʒe e ‖ wið] of E e ‖ þas] þo D, þe J ‖ helle] ilke J. 302. And f. T ‖ elch] ace E, vich J, f. T ‖ þere wið] 1. J ‖ habbe] wille D, habbe ido T. 303. Þo þet D, þeo þat J. 304. eiðer f. E e. 305. manne cinne e. 306. And do wel swo he us hot and warni us w. s. D ‖ we] þe E. 307. we f. D ‖ gode D ‖ alle J. 308. And f. J ‖ euencristen J ‖ alse] swo D, eal e, as J ‖ for so J ‖ lereð D, tached T. 309. me] men D ‖ and eal þet me þingð e. 310. halt D T, hald J. 311. Alle f. D ‖ hie T ‖ volueð D ‖ and ek þe olde J. 312. Þat haueð þeos ilke two 1. J ‖ þet D, He þe E ‖ haueð] halt T ‖ wile hes T ‖ atholde J. 313. Ah soþ ich hit eu segge ofte we agulteþ alle J ‖ wunder-cru-h.] harue ihialde

For hit is strang to stande lange and liht hit is to falle.
315 Ac drihte Crist he ȝeue·us strengðe, stande þet we mote,
And of alle ure giltes unne us cume to bote!
We wilnieð efter weoruld wele, þe lange ne mei ileste,
And leggeð mest al ure iswinch a þinge unstedefeste.
Swunche we for godes luue half, þet we doð for ehte,
320 Nere we naht swa ofte bicherd, ne swa iuele bikehte.
Ȝef we seruede god, swa we doð erminges,
Mare we heuede on heouene, þanne eorles oðer kinges.
Ne muȝe hi werien heom wið chele, wið þirste ne wið hungre,
Ne wið elde ne wið deðe, þe eldre ne þe ȝungre.
325 Ac þere nis hunger ne þirst ne deð, ne unhelðe ne elde:
Of þisse riche we þencheð ofte and of þere to selde.
We· scolden alle us biþenche ofte and wel ilome,
Hwet we beoð, to hwan we sculle, and of hwan we come;
Hu litle hwile we beoð here, hu lange elles hwere,
330 Hwet we muȝen habben here, and hwet finde þere.
Ȝef we were wise men, þis we scolde þenche:
Bute we wurðe us iwer, þis weorulde us wille fordrenche.
Mest alle men heo ȝeueð drinke of ane deoules scenche:
He scal him cunne scilde wel, ȝef he hine nelle screnche.

---

wel D, wel-arefeð-heald T || we f. e.   314. strong hit is J || lange] veste D || hit f. e.   315. Ac f. D || he f. D J T || us [iȝieue D, ȝeue J]   316. vallen D, sunnen J || unne us] he one us D, us lete J, ȝieue us T || to f. E T.   317. wele] ayhte J || þet D, þat J || nele D || leste e.   318. mest legged J || mest f. E e || al f. J || almest D || swine T.   319. Swngke we D, If þat we swunken J || we f. T || for gode J || half þet] swo D.   320. Ne were E, Ne beo e || naht f. D || ofte] of e, f. E || bik.] biþouhte J.   321. Ef we wolden herie gode D || gode e || swa] half þat T || for erm. T || erminges E.   322. We mihten richer bi mid him D, We mihten habben more J T || on] of E J || þanne] þa T || oðer] her and e, and T.   323. hi — chele] we us biwerien her D, hi her wer. h. w. ch. E, nouht werien heom J, we werien naðer ne T || þirste] chele J.   324. Ne wið elde: doppelt T || ȝonge J.   325. Ac f. D || ne þurst deað hunhelðe D || ne þurst deað T.   326. To ofte man bicareð his lif D || riche] world J || to ofte T || of þere] þet D, þer of J || alto D J T.   327. alle f. D J T || biþ us T || us biþ. bet D || wel ofte J T || and ilome T.   328. and to þan we sc. E.   330. And after gode wel wurche þenne ne þuruue noht kare J || muȝer D || find. þ.] elleshware E, we findeð þare E.   331. we f. D T || þus D J T || iþenchen E.   332. wule us e || adrenche D, drenchen T.   333, 334 f. D.   333. heo] hit T || deoules] euele T || senthe von späterer Hand, J.   334. ȝif hit him T || wole biȝenthe von späterer Hand, J.

335 Mid almihties godes luue ute we us biwerie
Wið þisse wrecche weorulde luue, þet heo ne muȝe us derie.
Mid feste, elmesse and ibede werie we us wið sinne,
Mid þa wepne, þe god haueð ȝeue alle mancinne.
Lete we þa brade strete and þene wei bene,
340 Þe let þe niȝeðe del to helle of manne and ma, ic wene.
Ga we þene nerewe wei and þene wei grene,
Þere forð fareð litel folc, ac hit is feir and scene.
Þa brade strete is ure iwill, þe is us lað to lete:
Þa, þe al folȝeð heore iwill, fareð bi þisse strete.
345 Hi muȝe lihtliche ga mid þere niðerhelde
Þurh ane godelese wude into ane bare felde.
Þe nerewe wei is godes hese: þere forð fareð wel fewe.
Þet beoð þa þe heom scildeð ȝeorne mið elche·unþewe.
Þas gað uneðe aȝen þan cliue, aȝen þan heȝe hille,
350 Þas leteð al heore aȝe will for godes hese to fille.
Ga we alle þene wei, for he us wille bringe
Mid þa fewe feire men bifore heouenkinge.
Þere is alre mirhðe mest mid englene sange:
Þe is a þusend wintre þere, ne þinchð him naht to lange.
355 Þe, þe lest haueð blisse, he haueð swa michel, þet he ne
bit na mare:

---

335. Vor almihti D || al mihtin T. 336. Wið f. D || þe heo us ne
derye J || heo] hi D, he E e, hit T. 337. Mid almesse mid fasten T || vastinge
D || and almesse E J | and mid D T || beoden J. 338. þet D, þat J || iȝeuen
D, biȝiten e || to J || alle f. e. 339. grene J. 340. þet D, þat J || þet niȝeðe
d. e || niȝende D || del f. J || manne] folke J || and — wene] me mai wene T.
341. pað T || and f. J || gr.] so schene J. 342. wel litel folc T || and þet is
wel eþ-sene J, and eche is fair and isene T || hit] þet D. 343. þe] þet D,
þat J || us] is D. f. T || for to lete E, to forlæte e. 344. Þo þet D, þe þe E,
þe þat J || al f. T || his E e J || wil E J || hi vareð þo brode strete D, he fareð
þe brode strete J, hie fareð bi þare str. T. 345, 346. f. J. 345. vare D,
cumen T || nuðer hulde E, under hulde e. 346. gutlease D || to T || brode D.
347. narewei E, nærewei e | pað T || hesne D, heste J || þat J. 348. Þo þet
hier ham silten D || schedeþ J || ȝeorne] wel J, f. D || elche] echen D, vych
J, achen T. 349, 350. f. D. 349. toȝeanes E, ȝeanes e || eleo J || and
aȝien T. 350. Þeos J || awey al J || aȝe f. J T || iwil T || hestes J, luue
T. 351. for f. D. 351. faire fewe E || bef. þ. h. T. 353. alþer D || merupe
E, blisse T || engles T. 354. Wel edy wurþ þilke mon þat þer byð undervonȝe
J || Se þet is D, þe þis E || hit him D T || to 1. D T. 355. Se þet D, þe J T
blisse] f. E e, murhþe J || he f. E e || þet f. D J || ne biddeþ he D, ne bit he J.

Þe, þa blisse for þas forlet, hit him mei reowe sare.
Ne mei nan iuel ne na wane beon in godes riche,
Þeh þere beoð wununges fele elch oðer uniliche.
Summe þere habbeð lesse mirhðe and summe habbeð mare,
360 Elch efter þan, þe he dide here, efter þan, þe he swanc sare.
Ne scal þere beo bred ne win, ne oðres cinnes este:
God ane scal beon eche lif and blisse and eche reste.
Ne scal þere beo fah ne grei, ne cuning ne ermine,
Ne acquerne ne martres cheole, ne beuer ne sabeline.
365 Ne scal þere beo scet ne scrud, ne weoruld wele nane,
Al þa mirhðe, þe me us bihat, al hit scal beo god ane.
Ne mei na mirhðe beo swa michel, se is godes sihte:
He is soð sunne and briht and dei a bute nihte.
He is elches godes ful, nis him nawiht wiðute,
370 Nanes godes nis him wane, þe wunieð him abute.
Þere is wele a bute wane and reste a bute swinche:
Þe mei and nelle þider cume, sare hit him scal ofþinche.
Þere is blisse a bute treʒe and lif a bute deðe:
Þe eure sculle wunie þere, bliðe hi muʒe beon eðe.
375 Þere is ʒeogeðe buten elde and hele a bute unhelðe:

---

356. Se þet þo bl. let for þos D, Hwo so þeo bl. for þisse forʒet J ;| for þas f. T ')|forgoð T || himsel D, mei him J, sal him T. 357. iuel] pyne J|| heoueneriche D J. 358. ben T | elch] æc e, and J. 359. þere f. J || mirhðe f. T || summe þer habbeð D T. 360. Elch] Vych J, f. E e | þan þe] þan þet D, þat J T || he] hi E, f. e || her f. D || and after J || þan þe] þet D, ðan þet e, þat J, þane þe T | he] hi E, heo J, f. T || swonke E, swunken J. 361. Ne wrþ þer br. ne w. J || ne bried e || oðer D E e T, nones J. 362. eches lif D || 2. and f. J. 363, 364 f. D. Þer nys nouþer sou ne gr. J || cunig E, cunin T. 364. Ne oter ne acquerne Beuveyr ne sablyne J | martres ch.] meteschele T. 365. Ne þer ne wurþ ful iwis worldes wele none J || naðer scat T || scete D, sced E, sciet e. 366. Ac si m. D || blisse T || þe] þet D, þat J || me] men D || hit f. D || scal beo] is J. 367. Nis þer no m. J || blisse T || swa] alse T || isihþe D, 368. Hi D || sune D || a f. D J. 369, 370 f. D. 369. elches] vyche J, aches T | noþing E, na e || wiðute] ʒit uten E, uten T. 370. Nis heom nones godes w. J || No god E e | hem nis T | þe] þat J. 371. wane] grame E, gane e || bute D J, abute E e T. 372. Hwo mei þider cume and nule J || Se þet D || muʒen and nelleð T || hit schal him s. J || sare f. T | him] hit D, hem T || mei T || vorþenche D. Hier bricht e ab. 373. a. f. D J || treʒe] teone J || wiþ-vte J. 374. Þet D, Þeo þat J, þo þe T || eure f. J || bliðe hi bieð and eade D || hi f. E || muʒen heo ben J. 375. ʒonghede J, ʒieuð T || abuten T | hele] elde D || a f. D J.

Nis þere sorze ne sar na, ne neure nan unselðe.
Þere me scal drihte self iseo, swa he is, mid iwisse.
He ane mei and scal al beo engle and manne blisse.
And þeh ne beoð heore eze naht alle iliche brihte:
380 Þi nabbeð hi naht iliche alle of godes lihte.
A þisse liue hi nere naht alle of are mihte:
Ne þere ne sculle hi habbe god alle bi ane wihte.
Þa sculle mare of him iseo, þe luueden hine mare,
And mare icnawe and iwite his mihte and his are.
385 On him hi sculle finden al, þet man mei to liste:
In liue boc hi sculle iseo al, þet hi here niste.
Crist scal ane beon inoh alle his deorlinges:
He ane is michele mare and betere, þanne alle oðre þinges.
Inoh he haueð, þe hine haueð, þe alle þing welde.
390 Of him to seone nis na sed: swa feir he is to bihelde.
God is swa mere and swa michel in his godcunnesse,
Þet al, þet wes and is, is fele wirse and lesse.
Ne mei hit neure na man oðre segge mid inwisse,
Hu michele mirhðe habbeð þa, þe beoð in godes blisse.

376. Þer nys J || ne no sor J || nan f. E || ne f. J || neure f. D || nan
f. T || uniselðe D T, vnhelþe J. 377. Seoþþe me dr. iseo J || scal f. T |
self f. D || swo ase he is D, swo se is T. 378. mai beon and schal J || al
f. J || engles D, angles T, englene J || mannes D. 379—382 f. J. 379. And
f. D | beoð] hi D. 380. Þi f. D, Hi nabbeð T || iliche muchel D T. 381. hi]
we D. 382. hi f. T || gode D | rihte D, zihte E. 383. Þeo J || of him m.
J || seon E | þat her him l. J || þe] þet D || hine luu. D || him her E, her him
J. 384. icnaw.] iseon J || and ec T || iwite] isien D, witen T || mihte] Milce
J. 385. to f. J, þerto D || hleste T || 386. In liue boc] Hali boc E, And
on lyues bec J, On him T || hi scule f. J || ec isien T || al f. D || her hi ne
wisten D || her] ar T. 387. Crist seolf one schal beon J || one sel ben D |:
to ealle J || his f. J. 388. michele f. J || oðre] worldliche J, oðer T. 389.
hi nabbeð J || þet D J || haueð on wealde D, wealdeð E J T. 390. Him to
seonne murie hit is J || isien D, isiene T || swa — bihelde] wel hem is þe hine
bihealdeð E. 391. mere] swete J || godnesse J. 392. þet f. J || wes] he
wes D, is E, elles wes T || and al þet E || is] wes E || fele] f. E, wel J || wurse
þenne he E. 393. Ne may noman hit segge ne wyten myd iwisse J || neure
f. D || oðer E J. 394. þo þet D, heo þat J || inne E || godes] heuene J.
Nach 394 schiebt D ein: Vten eftin þiderward mid aldre zernuolnesse
and vorsien þisne midelard mid his wouernesse Ef we vorsieð þis loþe
lif vor heuenriche blisce þanne selð us Crist þet eche lif to medes on
ecnesse.

395   To þere blisse us bringe god, þe rixleð buten ende,
Þanne he ure saule unbint of lichamliche bende.
Crist зeue us leden here swilch lif and habben here swilch ende,
Þet we mote þider cume, þanne we heonne wende.   Amen.

395. bringe us god J ‖ þet D, þat J ‖ lesteþ J, rixeð D ‖ abuten E T. 396. Hwenne J ‖ licames b. E.   397. Crist us lete such lif leden J ‖ here f. D ‖ and habbe swichne ende D.   398. þider] to him J ‖ wanne E, hwenne J ‖ hennes D ‖ wendeþ J.   J fügt zu: Bidde we nu leoue freond yonge and ek olde þat he þat þis wryt wrot his saule beo þer atholde.

Anmerkungen.

v. 8. „gar spät habe ich mich bedacht, wenn Gott mir nicht Gnade erweist" — und nicht wie Morris, O. E. H. I p. 160 meint: Full late I have repented me, but may God have mercy upon me!

v. 20. „In mehr Furcht stehen die Menschen vor den Menschen als vor Christo." — Ueber den hier vorliegenden Gebrauch von standan cf. Grein, Sprachschatz 'standan', 2: him þær egsa stôd, him þæs egesa stôd fram þam gæste; ferner Haupt, Zs. 19, 126 und Anzeiger 6, 25.

v. 34. Þa fremede and þa sibbe — häufig so formelhaft verbunden cf. Mätzner-Goldbeck, Sprachpr. I p. 210, anm. 64, II p. 127, anm. 12.

v. 36. Cf. Morris, anm. in O. E. H. I zu dieser Stelle: 'The rendering in the text is only right on the supposition that unholde = unhale' — und a. a. O. p. 160 übersetzt M.: 'many kinds of sore trouble have often the infirm.'

Ich sehe einmal keine Möglichkeit: 'manies mannes sare iswinch' mit 'many kinds of sore trouble' zu geben, noch weiss ich andererseits, wie unholde = unhale = infirm sein könnte. — In der Anmerkung will M. dann wieder die Stelle fassen: 'for many a man's hard affliction (i. e. grievous sickness) hath [been] often unfavourable', — wo unholde dann 'its proper signification from A. S. hold, favourable friendly' haben soll. — Aber habbeð kann doch unmöglich = hath [been] gesetzt werden! — iswinch = ae. geswinc = Arbeit, Mühe, dann aber auch: „Erarbeitetes, Gewinn" cf. Zupitza, Glossar zum Uebungsbuch. — hold = freundlich, gütig, also unhold = feindlich. — sare iswinch ist das Object in dem Satze. Also: Manches Mannes sauer errungenen Gewinn haben oft die Widersacher.

v. 37. don aferst = verschieben.

v. 47. wel ofte and ilome. Diese gleichbedeutenden Wörter

werden häufig so verbunden, formelhaft gebraucht. v. 327: ofte and
wel ilome. Für mittelenglisch: Mätzner-Goldb. I p. 115, anm. 14.
Aber auch schon ae.: ofte and gelôme Genesis 1670. Auch: oft
gelôme, Genesis 1539.

v. 70. manke = ae. mancus, moncus = Goldmünze.

v. 71. can mare þanc. — þanc cunnen = Dank wissen. — ae.
þâm þe þonc gode wom-wyrcende wîta ne cûðun — Grein,
Crist 1092. — Aehnlich Crist 1293. — Daneben þanc witan : þu
þæs þonc ne wisses — Crist 1386 — ähnlich Crist 1473.

v. 76. heouen fir = Blitz.

v. 85. In den Hss. meist abuten geschrieben. Doch ist wol
darin das alte â butan zu sehen. Elene: â butan ende 368, 371,
802, 894. In unserem Gedicht häufig v. 371, 373, 375 etc. — ord =
Spitze, Anfang. In letzterer Bedeutung schon ae. sehr häufig als
Gegensatz zu ende. from ord ôð ende forð, Elene 590. ord and
ende, Daniel 162. Aehnlich werden ore — ende gegenübergestellt.
Cf. zu v. 181.

v. 90. hwet scal us to rede? „Was wird uns zum Rate, zur
Abhilfe sein, — was wird uns helfen?" — Kommt häufig vor. Von
Böddeker, Altengl. Dichtungen, Ms. Harl. p. 120/113, 206/16 falsch
erklärt. Cf. dazu Zupitza im Anzeiger 6, 33.

v. 104. swa fele beoð iclepede, swa fewe beoð icorene —
Matthäus Cap. 20 v. 16 und Cap. 22 v. 14.

v. 116. oðer = âwðer, einer von beiden. „zu einem von
beiden d. h. zum Leben oder zum Tode." D hat aiðer aus ægðer
= jeder von beiden.

v. 118. Þanne. ae. þanne, þonne, þænne. Ich habe gleich-
mässig þanne angesetzt wegen manne : þanne (s. in ET) [manne :
þenne e, monne : þenne I.].

v. 122. Stratmann hat lende aus dieser Stelle als pract. unter
lûnen zu ae. lûnan. Wie Str. das wite dazu übersetzt, ist aus
seinem Dictionary nicht ersichtlich. — Ich halte ein pract. lende
in diesem Zusammenhange für unmöglich. lende muss praes. sein,
und kann dann nur zu lenden = ae. lendan, unser „landen" ge-
hören. — „Gott gebe, dass unser Ende gut sei, und sorge dafür
dass er uns dahin lande (an das gute Ende, in den Himmel).

v. 126. bit and biʒet. Wer (um Gnade) bittet und (sie) er-
langt. — Anglia I 14, anm. 3. bet = beteð, ae. bêtan, büssen.

v. 145. swines brede = Schweinebraten. — brede = ae. bræde.

v. 148. „So kann von Strafe (sprechen), der nicht Strafe kennt, die ewig dauern soll."

v. 170. menen. Grein giebt zwei hierhergehörige Verben. 1) mǽnan = alts. gemēnian = communicare, recitare. 2) = conqueri, lugere.

Morris fasst nun menen an dieser Stelle in der Bedeutung 1) bei Grein und übersetzt: 'No man schall remind him (God) there of violence nor of wrong.' — Ich glaube vielmehr, dass menen = 2) bei Grein = „klagen, beklagen" ist. him geht nicht auf Gott, sondern steht reflexiv zu menen: „Kein Mensch soll sich da (beim jüngsten Gericht) beklagen über Härte und über Ungerechtigkeit."

v. 172. Reime wie herde : arerde sind vollkommen genau. Das e in arerde aus ae. ě ist, aller Wahrscheinlichkeit nach, schon auf ae. Boden gekürzt. — Cf. Orm: herrde, ae. hŷrde, von hŷran.

v. 181. buten ore and ende, formelhaft, „ohne Anfang und Ende." Morris a. a. O. übersetzt die Hs. L, wo are für ore geschrieben ist 'without mercy or end'. Es liegt wol näher mit den andern Hss. ore zu lesen und „Anfang" und „Ende" gegenüberzustellen.

v. 194. we habbeð iuele on hande. Ueber 'on hande', cf. Mätzner-Goldb. I 52, 157, 238. — A. a. O. p. 238: „Diese Bestimmung kehrt oft wieder: das was „an der Hand" oder „zur Hand" ist, erscheint teils als etwas sich unmittelbar Darbietendes teils als etwas sich günstig Erweisendes." Das letztere wird an unserer Stelle durch das danebenstehende iuele ausgeschlossen sein. Der Sinn ist klar: die Missetaten unserer Eltern erfahren wir nun übel an unserer Person.

v. 197. ures forme feder. — Der Gen. feder auch noch bei Laȝamon 398; Orm 187. — Dat. feder v. 188.

v. 204. of heore cinne = von Adam und Evas Geschlecht. Vgl. v. 175.

v. 207. Morris a. a. O. setzt hinter swinche ein Komma und hinter misdede einen Punkt. Die stärkere Interpunction ist nach swinche zu setzten. Die beiden folgenden Zeilen gehören dann zusammen: „Da Gott so grosse Rache nahm, müssen wir uns sehr fürchten."

v. 214. bi þan ilche wihte = in demselben Masse. v. 382: bi ane wihte.

v. 216. D e J L T haben bigunne. Morris, a. a. O. sagt: 'bigunne, had sought, 3. sg. subj. of bigan, ae. begangan (or began) to go after.' — Wie bigunne im Reim mit cunne, der subj. von begangan sein soll, ist schwer ersichtlich. Die Lesart in E 'bidden gunne' ist eine Conjectur des Schreibers. bigunne kann kaum zu etwas anderm, als zu biginne, ae. biginnan gehören, das hier allerdings eine ähnliche Bedeutung haben muss, wie die von Morris für bigan angegebene: „um etwas bitten, etwas erbitten." Alle Hss. haben hier hit. Ich habe die femin. Form angesetzt, und beziehe diese auf milce.

v. 232. meteniðinges. Bei Stratmann ohne Bedeutung. — niðing heisst „schurkisch, geizig". meteniðinges können also solche sein, welche mit Speise andern gegenüber geizig sind. Diese meteniðinges sollen in der Hölle dadurch gestraft werden, dass sie selbst Hunger leiden.

v. 263. neode = Not. — ae. neǎd = necessitas, neǒd = studium, cupido bei Grein. Schon früh ist eine Verwechslung der beiden Wörter eingetreten, so dass neod auch für necessitas steht.

v. 264. „Der Gottes Botschaft nicht hören wollte, da er an seinem (Gottes) Tische sass" (vom Abendmahl?).

v. 297. aniðe bei Stratmann 'infra?', aus dieser Stelle belegt. ae. bei Grein und Leo nicht vorhanden. ae. niðe, adv. heisst „unten". aniðe wäre eine ähnliche Bildung wie âněh, ânchst, das bei Grein belegt ist. aniðe helle grunde = unten auf dem Grunde der Hölle.

v. 307 und ff. vgl. Matthäus Cap. 22 v. 37 ff.

v. 310. bi þisse twam worde etc. Cf. The Gospel according to Saint Matthew, ed. Kemble and Hardwick (north. version): in ðisum tuæm bibodum all ae stondes and honges.

v. 313. wunder-erueð-helde. erueð = ae. earfeðe, adj. = beschwerlich; helde part. „wunderschwer gehalten." Neben dieser Construction erueð mit part. gehen her: 1) erueð mit folgendem Infinitiv und to und 2) erueð mit folgendem Infinitiv ohne to. — 1) ae.: nis me earfeðe to geþolianne, bei Grein, Gn. 1038. me.: arueð to þolien, Morris, O. E. H. I 185/6; hit is arfeð to understonden a. a. O. p. 205. 2) his folc was swiðe ærfeð-telle Morris, a. a. O. 231. — Auch der comp. erveðer kommt vor: erveðer to betende, swiðe erveðer to betende, Morris, a. a, O. 63.

v. 334. ʒef he hine nelle screnche. — screnche, ae. screncan. Leo im Glossar: „causativ zu scrincan = hinfällig machen, ein Bein unterstellen, schränken." Stratmann 'deceive.' — Morris übersetzt: 'if he will not shrink', also wol: „wenn er nicht davor zurückbeben wird", oder ähnlich. — Ich meine die Stelle anders fassen zu müssen: „Wenn er (der Trank) ihm nicht ein Bein unterstellen wird." Das Realistische des Gedankens darf uns nicht Wunder nehmen, wenn wir dazu swines brede in v. 145 vergleichen.

v. 345. niðerhelde, Stratmann? Bei Leo hyldo, held f. = die Stützung auf etwas, Neigung zu etwas. — Ausserdem (ohne Belegstelle!) niðerheald = niedergebeugt, forðheald = abschüssig etc. — Ich meine, es wird in niðerhelde eine Zusammensetzung von niðer mit einem Subst. helde angenommen werden müssen. niðerhelde könnte dann etwa heissen „abschüssige Bahn" — mid þere niðerhelde = auf der abschüssigen Bahn.

v. 364. acquerne = Eichhörnchen, fehlt bei Stratmann. martres cheole = des Marders Kehle.

v. 386. liue boc = Lebensbuch, Buch des Lebens. — Offenbarung Johannis 20, v. 12, 22 v. 19. — Philipper 4 v. 3. — liues boc in der Ancren Riwle p. 246.

v. 390. Wenn wir mit E schreiben: wel hem is þe hine bihealdeð, so setzen wir damit eine Conjectur des Schreibers in den Text, da J aus derselben Gruppe und die beiden Hss. der andern Gruppe in 'swa feir he is to bihelde' übereinstimmen. Auch D hat an dem Reim Anstoss genommen und versuchte ihn zu bessern, indem es 'on walde' statt 'waldeð' schrieb. — Ich sehe keine andere Möglichkeit einen genauen Reim herzustellen, als 'welde' anzusetzen und darin den Conjunctiv zu sehen.

Druckfehler-Verzeichniss.

pag. 1, Zeile 6: '*beon eiðer*' statt 'beo eiðer'.
" 20, " 19: '*ẏo*' statt 'eó'.
" 22, " 23: '*sorze* 142' statt 'sorze 142'.
" 28, " 12: '*silten*' statt 'siten'.
" 31, " 7 von unten: '*almihties*' statt 'mihties'.

Halle, Druck von E. Karras.